U0115462

毘首羯磨菩薩
與雕刻佛像之研究

（全彩版）

果濱 編撰

序文

　　本書全部字數約有 **8** 萬 **6** 千多字，書名為 **《毘首羯磨菩薩與雕刻佛像之研究》**（**全彩版**），對許多佛教來說，可能會覺得「名稱」有點陌生，這是因為有太多人不認識<u>毘首羯磨</u>(Viśvakarman)他是誰？如果您有參加過佛教大型法會「<u>法界聖凡水陸普度大齋勝會</u>」(簡稱水陸法會)，在宋・<u>志磐</u>撰、明・<u>蓮池</u>重訂 **《法界聖凡水陸勝會修齋儀軌・卷第二》** 的「行上堂召請法事」中，其中「第九位」就出現了「毗首羯摩」這四個字了。藏經截圖如下：

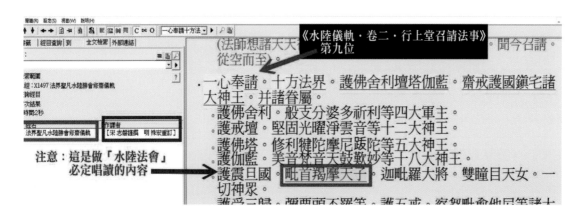

　　毘首羯磨在「顯教」經典中一律稱他為「天神」，但在「密教」經典中則改稱他為「大菩薩」名；作為「十六大士」中的第十三菩薩，位於「北方」的第一尊菩薩，如唐・<u>不空</u>譯《大乘瑜伽金剛性海曼殊室利千臂千缽大教王經》與唐・<u>金剛智</u>譯《金剛頂瑜伽中略出念誦經》中的稱呼，藏經截圖如下：

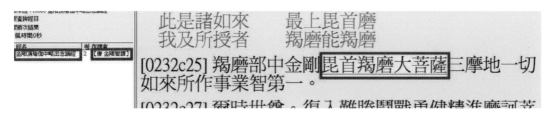

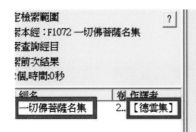

那毘首羯磨究竟要稱作「菩薩」？或「天神」呢？答案是：兩者皆可！這種情形在佛法中是很常見的。例如：經典稱悉達多(Siddhārtha)「太子」，有時也稱作悉達多「菩薩」。觀音菩薩的聖號也很常被佛教徒稱為觀音「佛祖」；因為觀音菩薩的前世是正法明如來佛，是「古佛」再來示現作「菩薩」的，所以稱觀世音「菩薩」或觀音「佛祖」，兩者皆可。再例如釋迦佛在「涅槃」時，由「左心」化現出「穢跡金剛」，但同時也被稱為「大權神王佛」或稱「金剛佛」，這都是很常見的稱謂。

毘首羯磨天神在「梨俱吠陀」的信仰中，被稱之為「宇宙之建造者」（宇宙之神）；在史詩《羅摩耶那》、《摩訶婆羅多》及《往世書》時代，則被尊奉為「工藝之神」，擔任諸神之「工匠」與「建築設計師」。

筆者研究佛經中的毘首羯磨天神多年，相關的演講也很多次，也曾請精於雕刻佛像的台灣新北樹林 丁師傅雕刻由我建議修訂的「毘首羯磨天神像」圖樣，全部的彩圖都附於本書中說明。末學發現在整個《大藏經》中，毘首羯磨從最早期的《阿含經》就被「討論」，一直到「大乘經典、密教經典」，甚至在《南傳長部經典》中；都被不停的「引用、介紹、關注」，這在整個《大藏經》中很少有「天神」具有這種的「特色」，從「小乘」不斷的被「關注、點讚」到「大乘」，從沒「缺席」過的一位特殊人物。

例如顯教經典《增壹阿含經·卷第二十八》中就開始記載佛陀「不告而別」的去「忉利天」為母親摩耶夫人講法三個月，當時的波斯匿王(Prasenajit)、優填王(Udayana)非常想念佛陀，於是就想要請「人間工匠」幫忙雕刻「如來聖像」，但「人間工匠」無一人能刻出如來的「三十二相、八十種好」，因為佛像的「裝嚴」是「人間工匠」無法完成的，如北宋·天息災《大方廣菩薩藏文殊師利根本儀軌經·卷十一》有云：**佛像，或塑、或畫，當求最上嚴飾、第一等像。**所以最終由「忉利天宮」的毘首羯磨天神「變身」到人間成為「工匠」，然後雕刻設計了人間「第一尊」的佛像。

在佛教中盛行菩薩「割肉餵鷹」的故事，這在很多佛典中都有相同的記載，例如

《眾經撰雜譬喻》、《賢愚經》、《大智度論》……等。其實這個故事就是由毘首羯磨天神化作一隻「鴿身」，然後「帝釋天」變成了「鷹身」。老鷹要吃鴿子的肉，此時釋迦佛的前生為尸毘王（Śibi;Śivi;Śivin）；這個尸毘王就「捨身」而去餵食由「帝釋天」所變的「鷹身」。

所以「佛教徒」最早能擁有佛的「雕像」來膜拜、禮敬、追思；地球上所有「佛像」的第一尊「製板、刻板、開模」就是毘首羯磨天神所做的作品。

「忉利天」上的「宮殿、講堂、裝潢、設計、彩繪」也全是毘首羯磨的作品，其中最為人讚歎的就是建設了「忉利天」的**善法堂**（sudharmā）及**得勝堂**（vaijayanta 殊勝殿;妙勝殿;最勝法堂;皮禪延;毘闍延）；這些「豪華講堂宮殿」，人間所有的「建築、建設」都輸了八萬四千里之遠。所以我們「佛教徒」應該要「禮謝、感恩」毘首羯磨菩薩，為我們創造了第一尊的「木雕佛像」！

可以總結的說：地球上最早的「佛像雕刻、房屋建築、宮殿裝潢、城市建設、藝術美學」等相關事業，毘首羯磨天神都曾經從「天上」下來化為「人」而幫忙「建構、協助、設計」與完成！可說人類最早的「佛像雕刻、房屋建築、宮殿裝潢、城市建設、藝術美學」都離不開毘首羯磨天神的「參與」。所以說毘首羯磨不只是「十項全能」的菩薩，更精通於各種「食衣住行」的設計與創造者，在東晉‧法顯《大般涅槃經‧卷中》（就是小乘版的《涅槃經》）曾經大讚過這位天神是「無事不能」的大人物，經云：毘首建磨（Viśvakarman），極為妙巧，無事不能。

本書第一章以最大的篇幅內容介紹毘首羯磨菩薩。

第二章是介紹「佛頂肉髻與法相」的標準問題，討論佛陀的「頂髻」是「高顯、周圓」，由「肉骨」所成、如「天蓋」狀，千萬不能把「肉髻」作「頭髮」狀，佛陀也不是「短髮」者。佛陀的法相更不能有「耳鐺&指環&頸瓔&臂釧&腳釧&瓔珞」的裝飾物。

第三章是專門討論觀音菩薩頂上「立佛」的問題。觀世音菩薩將來是「接掌」極樂世界的第二尊「佛」，所以觀音的頭頂永遠都是「阿彌陀佛」的像，但應作「立像」才是如法的。觀世音菩薩的造型，如果一手是持「淨瓶」的話，另一手應該要拿「蓮華」或「楊柳枝」的造型才是如法的。筆者也請精於雕刻佛像的丁師傅雕刻由我建議修訂的「寶冠天衣鏤空觀音菩薩」圖樣（頭頂立佛），全部的彩圖都附於本書中說明。

第四章則是介紹「**執樂天神**」。從經典中討論「執樂天神」的由來，以及佛陀曾讚許「僧人」使用「梵唄」聲去「唱頌」佛經，但卻又不允許僧人以「俗人歌詠方式」去唱頌佛經，甚至在所有「經論」中完全沒有記載到任何出家的「僧人」；以手執持「樂器」演奏、演唱來供養佛陀的證據。筆者也請丁師傅雕刻由我建議修訂的「**執樂天神**」圖樣，全部的彩圖都附於本書中說明。

本書最後還有附錄：「**念珠掐珠篇**」，分成十個小節內容。一、佛珠、念珠的歷史來源介紹。二、佛珠是可以戴在「頭頂、頸子、手臂、其餘身上」四處地方的。三、佛珠可用「真珠、水晶、瑪瑙、琥珀、蜜蠟」……等「不同的珠寶」共同串成。四、由「木槵子」作的佛珠，能滅「三種煩惱障」。五、由「水晶」作的佛珠，通用修持一切「佛、菩薩、金剛、護法諸天」等所有的法門。六、若欲作不同材料的「數珠」時，莫論「車佛珠」的工錢而「討價還價」，一切應以「最精最好」的佛珠為原則。七、「水晶」佛珠，若掐一遍能得福「千億倍」。「菩提子」佛珠，或掐念、或只有手持，才誦數一遍，其福即大到無量不可算計。若欲發願往生「諸佛淨土」者，應當依法受持「菩提子」念珠。八、密教經典對「掐佛珠」的「指法」沒有統一，但以「大拇指」與「無名指」撥動方式為最通用、最殊勝的。九、佛珠是可以用「沉水香油、檀香油」去塗抹保養的。十、原則上是不越過「母珠」，但若您是屬於「隨緣、精進無妄念」的誦持者，也不必太執著而生煩惱吧！

最後祈望這本著作**《毘首羯磨菩薩與雕刻佛像之研究》**，能帶給更多後人來研究毘首羯磨菩薩與「標準法相」的定義。末學在教學繁忙之餘，匆匆撰寫，錯誤之處，在所難免，猶望諸位大德教授，不吝指正，爰聊綴數語，以為之序。

公元 2023 年　7 月 10 日　果濱序於土城楞嚴齋

□□本書名為《毘首羯磨菩薩與雕刻佛像之研究》(全彩版)，對許多佛教來說，可能會覺得「名稱」有點陌生，這是因為有太多人不認識**毘首羯磨**(Viśvakarman)他是誰？如果您有參加過佛教大型法會「**法界聖凡水陸普度大齋勝會**」(簡稱水陸法會)，在宋·志磐撰·明·蓮池重訂《**法界聖凡水陸勝會修齋儀軌·卷第二**》的「行上堂召請法事」中，其中「第九位」就出現了「**毘首羯磨**」這四個字了。藏經截圖如下：

──目　錄──

第一、毘首羯磨菩薩篇

一、「毘首羯磨」天神的簡介

(1)梵文名 Viśvakarman，Vi(毗)śva(首)kar(羯)man(磨)，又名「毗首羯磨、毘首羯摩、毗首建磨、毘首劫摩、毘守羯磨、毘守羯麻、毘濕縛羯磨天」。意為「創造一切者」，佛經中常稱他為「工巧天、巧匠」。

(2)毘首羯磨天神住於「三十三天」，乃「帝釋天」之「臣子」，專門司掌「建築、雕刻、裝潢」等事業。

(3)毘首羯磨天神在「梨俱吠陀」的信仰中，稱之為「宇宙之建造」者，在史詩《羅摩耶那》、《摩訶婆羅多》及《往世書》時代，都被尊奉為「工藝之神」，擔任諸神之「工匠」與「建築師」。

(4)毘首羯磨天神也是諸天中之「巧匠」，他能變化現出種種的「工巧物」。因此，古印度從事「工巧事業者」，沒有人不祭拜此天神的。

(5)據《大乘造像功德經・卷上》載，佛神足通到「三十三天」為母說法時，毘首羯磨天神為了體念優填國王、波斯匿王思念佛陀「沒有在人間」的心願，也特地為他雕刻了一尊「佛像」供他「想念」佛陀用~

(6)所以如果您是從事「裝潢設計業、油漆業、彩繪類的行業、園區設計師、景觀設計師、土地開發設計師、建築類的設計案、雕刻業、傢俱木工業、電腦 Photoshop(PS)、Adobe Illustrator(AI)軟件設計師、或 AI 的人工智慧技術、法會道場與講堂設計、髮型設計、服裝設計、珠寶設計、雷射美雕設計、牙齒雕塑設計、汽車工業設計、五金雕塑、美食廚藝、香料染料……」等，都可以「供養、供奉」這尊毘首羯磨菩薩的。他雖然不是你所熟悉的「佛」，或某一尊的「菩薩」，但這尊的確是可以幫助您的「事業」，增加您世間法「事業」上獲得「靈感」與「成就」的。

供佛、菩薩，追求智慧、解脫、戒定慧！
供天神，幫助你「世間」的「事業」成就、或得「廣大靈感」！

viśva 形 ことごとくの, すべての, 全部の, 全体の (Br. しかし 後にはsarva が用いられる); 一切に行きわたるまたは一切を含む (Viṣṇu, 靈魂, 智). 男 万人; 個によって限定された智(Vedānta において); [ある王の名]. **viśve devāḥ** すべての神々; 特殊な一群の神々, 一切神. 中 一切, 宇宙, 世界; 漢訳 諸 Laṅk.

viśvaka 男 [Aśvin 雙神のある被保護者名].

viśva-kartṛ 男 万有の創造者.

viśvakartṛtva 中 万有の創造者であること.

viśva-karman 1. 中 ―° 一切の行動.

viśva-karman 2. 形 万物を成就するまたは創造する(吠, 叙詩). 男 宇宙建造者の名 [Prajāpati と類似し, しばしば 彼と区別されない. 梵 では神々の中の建設者および工匠のことで Prajāpati とも呼ばれる. (また父系名 Bhauvana を伴って Barhiṣmatī と Saṃjñā との父; 太陽の称(まれ)]; 漢訳 工巧天, 巧妙天, 自在天王, 好業(天子); 諸業者, 諸作者, 種種工業 音写 毘首羯磨天, 毘湿縛羯磨 Divy., Laṅk., Mvyut.

viśva-kāya 形 宇宙を身体とする.

viśva-kṛt 形 あらゆるものを創造する. 男宇宙の創造者; (神々の中の)建造者および造物主, Viśvakarman.

viśva-kṛta 過受分 Viśvakarman (?) によって創造された.

以下圖片皆透過網路收集來的

相關演講介紹：

毘首羯磨天神(果濱設計)

https://drive.google.com/drive/folders/18cidPOFLK3ZKzZZ1Te8PWop22dHVVCyh?usp=sharing

以下實圖是由筆者「綜合整理」與「研究」後自行「設計」的圖像，
再委請精於雕刻的丁師傅完成木雕與彩繪。

毘首羯磨天神　　五明工藝天神

代表裝潢設計業、園區景觀設計師、土地開發設計、建築類設計案、法會道場與講堂設計

從事「專業雕刻」佛像者

代表雕刻業、傢俱、木工業、五金雕塑類

代表雕刻業、傢俱、木工業、五金雕塑類

代表從事「微形晶片」設計，或人體「晶片」健康開發業者。或AI「高智能」設計者。「設計圖」代表軟體、文案、手稿的設計

代表雕刻業、傢俱、木工業、五金雕塑類

代表與「包包」相關行業的設計

「文公尺」代表裝潢、房子設計&開發業

代表所有「彩繪、彩妝、繪畫、油漆、撰寫」類相關行業的設計

「角尺」代表雕刻業、傢俱、木工業、五金雕塑類

「繩索」代表裝潢、房子設計&開發業。

代表珠寶瓔珞

代表與「剪髮美髮、裁縫、服裝、包包」相關行業的設計。

電腦滑鼠

代表所有與「醫美」有相關的行業與設計

神子

釋迦佛的前生為尸毘王

天神前世曾化作一隻鴿身

調料罐[香料罐]代表彩繪、指甲彩妝、繪畫、顏色調配、香瓶香水類。也代表醫藥調配用的藥劑調養相關業

精於[汽車工藝]與各種交通[工具]

精通電梯各種梯類

精通各種美食廚藝、餐飲

這隻[木工雕刻]天鵝，因為刻的太逼真，最終竟然飛起來了

精通美食、廚藝、餐飲

毘首羯磨天神　　五明工藝天神

「毘首羯磨」四隻手拿的東西&背光共有 10 種東西設計的「表法」

1 牙齒--代表所有與「醫美」有相關的行業與設計。

2 剪刀--代表與「剪髮美髮、裁縫、服裝、包包」相關行業的設計。

3 畫筆--代表所有「彩繪、彩妝、繪畫、油漆、撰寫」類相關行業的設計。

4 鐵鎚、鋸子、雕刻刀、角尺--代表雕刻業、傢俱、木工業、五金雕塑類……

5 小佛像--代表天神就是「專業雕刻」佛像者。

6 電腦滑鼠--代表從事電腦「創作、設計、編輯、著作」類，例如 Photoshop(PS)。或 **AI**「人工智慧」設計。或從事「微形晶片」設計，或人體「晶片」健康開發業者。

7 小房子--代表裝潢設計業、園區景觀設計師、土地開發設計、建築類設計案、法會道場與講堂設計。

8 天神手上拿的「**設計圖**」代表 Adobe Illustrator(AI)軟件、任何的「文案、手稿」設計圖。

9 天神手上拿的「**調料罐**」(香料罐)代表彩繪、指甲彩妝、繪畫、顏色調配、香瓶香水類。同時也代表「醫藥」調配用的「藥劑」調養相關行業。

10 天神手上拿的「**文公尺、繩索**」代表裝潢、房子設計&開發業。

「毘首羯磨」菩薩前面有隻「天鵝」--這隻是天神「木工雕刻」的傳奇作品，因為刻的太逼真了，所以這隻「天鵝」竟然「飛」了起來。

《阿毘達磨順正理論》卷 12

除「毘濕縛羯磨」(Viśvakarman)天神，及餘善習「工巧」處者。

《翻譯名義集》卷 2

毘首羯磨。《正理論》(指《阿毘達磨順正理論》)音云「毘濕縛羯磨」(Viśvakarman)，此云「種種工業」，西土「工巧」者(西方的印度國土人，在從事「五明工巧」者)，多祭(很多都是在祭拜)此天(神的)。

皆稱爲訶離帝母神。寄歸傳云。西方施主。請僧齋日。初置聖僧供。次行眾僧食。後於行[7]末。安一盤。以供訶利帝母。

[1078a22] [8]毘首羯磨。正理論音。云毘濕縛羯磨。此云種種工業。西土工巧者。多祭此天。

《一切經音義》卷 71

「毘溼縛羯磨」(Viśvakarman)天

(此云「種種工業」，案西國「工巧」者，多祭此天)。

[0768c24] 末奴沙(謨鉢反亦言摩㝹沙此云人也)。

[0769a01] 魍魎(古文蛧蜽二形同亡強力掌反說文蛧蜽山川之精物也謂之魍魎故也)。

[0769a02] 毘溼縛羯磨天(此云種種工業案西國工巧者多祭此天)。

《阿毘曇毘婆沙論》卷 47〈智犍度 3〉

「毘首羯磨」(Viśvakarman)天(即是)「工巧」(天神)。

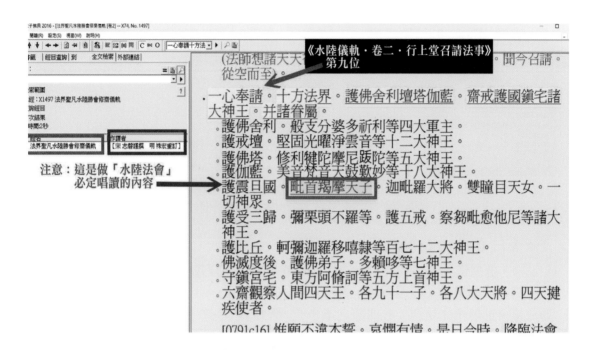

《水陸儀軌・卷二・行上堂召請法事》
第九位

（法師想諸天天……從空而至）。……聞今召請。

・一心奉請。十方法界。護佛舍利壇塔伽藍。齋戒護國鎮宅諸大神王。并諸眷屬。

・護佛舍利。般支分婆多祈利等四大軍主。
・護戒壇。堅固光曜淨雲音等十二大神王。
・護佛塔。修利犍陀摩尼跋陀等五大神王。
・護伽藍。美音梵音天鼓歡妙等十八大神王。
・護震旦國。毗首羯摩天子。迦毗羅大將。雙瞳目天女。一切神眾。
・護受三歸。彌栗頭不羅等。護五戒。察芻毗愈他尼等諸大神王。
・護比丘。軻彌迦羅移嘻隸等百七十二大神王。
・佛滅度後。護佛弟子。多賴哆等七神王。
・守鎮宮宅。東方阿脩訶等五方上首神王。
・六齋觀察人間四天王。各九十一子。各八大天將。四天捷疾使者。

[0791c16] 惟願不違本誓。哀憫有情。是日今時。降臨法會……

注意：這是做「水陸法會」必定唱讀的內容

左側視窗：
經：X1497 法界聖凡水陸勝會修齋儀軌
作譯者：【宋 志磐謹撰　明 祩宏重訂】

二、「毘首羯磨」菩薩雕刻了地球上第一尊的「木雕佛像」

故。若人欲求解脫妙果。宜斷苦本。彼愚痴凡夫為結所纏。時會大眾聞此語已悲號懊惱。

最初造像

[0095a10] 造像經云。佛在天宮安居三月為母說法。優陀延王渴仰思佛發願造像。毘首羯磨天工巧無匹。化身為匠。於佛初誕生日起工不日而成。佛化三道寶階從天而下。諸天翼從威德熾盛光明赫奕。如滿月在空眾星共遶。如日初出采霞紛映。梵王執白蓋在右帝。釋持白拂侍左。諸天乘空而下虛空音樂妙香雨華。四大天王獻微妙供。佛告優陀延王。汝於我法中初

《增壹阿含經·卷第二十八》

(1)是時,波斯匿王(Prasenajit)以天香華,散如來身,便作是說:我今持此「七寶」奉上三尊,唯願納受。頭面禮足,遶佛三匝,便退而去。

(2)是時,世尊便作是念:此四部之眾多有「懈怠」,皆不「聽法」。亦不求「方便」;使身作「證」,亦復不求「未獲者」獲、「未得者」得。我今宜可使四部之眾「渴仰於法」。

(3)爾時,世尊不告「四部之眾」,復不將「侍者」,如屈申臂頃,從祇桓不現,往至「三十三天」。

(4)爾時,「釋提桓因」遙見世尊來,將諸天眾,前迎世尊,頭面禮足,請令就座;並作是說:善來!世尊!久違觀省!

(5)是時,世尊便作是念:我今當以「神足之力」自隱形體,使眾人不見我為所在。爾時,世尊復作是念:我今可於此「三十三天」化身,極使廣大。爾時,天上善法講堂(sudharmā。此是毘首羯磨天神所造)有金石,縱廣一由旬。

(6)爾時,世尊石上結「加趺坐」,遍滿石上。爾時,如來母摩耶將諸天女至世尊所,頭面禮足,在一面坐,並作是說:違奉甚久!今來至此,實蒙大幸,渴仰思見。佛今日方來,是時,母摩耶頭面禮足已,在一面坐,釋提桓因亦禮如來足,在一面坐。「三十三天」禮如來足,在一面坐……

(7)爾時,世尊漸與彼諸天之眾說於「妙論」,所謂論者:「施論、戒論、生天之論、欲不淨想、婬為穢惡、出要為樂」……

(8)爾時,「釋提桓因」白佛言:我今當以何食飯如來乎?為用「人間之食」?為用「自然天食」?

(9)世尊告曰:可用人間之食,用飯如來,所以然者?我身生於「人間」,長於「人間」,於「人間」得佛。

(10)「釋提桓因」白佛言:如是!世尊!

(11)是時「釋提桓因」復白佛言:為用「天上時節」?為用「人間時節」?

(12)世尊告曰:用「人間時節」。

(13)(釋提桓因)對曰：如是！世尊！

(14)是時，「釋提桓因」即以「人間之食」，復以「人間時節」飯食如來……

(15)是時，人間四部之眾不見如來久，往至阿難所，白阿難言：如來今為所在？渴仰欲見！

(16)阿難報曰：我等亦復不知如來所在。

(17)是時，波斯匿王(Prasenajit)、優填王(Udayana)至阿難所，問阿難曰：如來今日竟為所在？

(18)阿難報曰：大王！我亦不知如來所在。

(19)是時，二王(波斯匿王、優填王)思覩如來，遂得苦患。

(20)爾時，群臣至優填王所，白優填王曰：今為所患？

(21)時王(優填王)報曰：我今以「愁憂」成患！

(22)群臣白王：云何以「愁憂」成患？

(23)其王報曰：由不見如來故也，設我不見如來者，便當「命終」。

(24)是時，群臣便作是念：當以何方便？使優填王不令「命終」？我等宜作「如來形像」。

(25)是時，群臣白王言：我等欲作「形像」，亦可恭敬承事作禮。

(26)時，王聞此語已，歡喜踊躍，不能自勝，告群臣曰：善哉！卿等所說至妙。

(27)群臣白王：當以何寶？作如來形像？

(28)是時，王即勅國界之內諸「奇巧師匠」(此是毘首羯磨天神所變現)，而告之曰：我今欲作「形像」。

(29)「巧匠」(此是毘首羯磨天神所變現)對曰：如是！大王……

(30)波斯匿王(Prasenajit)純以「紫磨金」(可能指紫磨黃金，或紫磨金銅)作如來，(佛)像高(有)五尺。爾時，「閻浮里」內始有此二(尊)如來(的)形像(波斯匿王、優填王各供養一尊如來。一尊是金銅製，一尊是紫檀製)。

(31)是時，四部之眾往至阿難所，白阿難曰：我等渴仰於如來，所思欲觀尊，如來今日竟為所在？

(32)阿難報曰：我等亦復不知如來所在，但今共至阿那律所而問此義。所以然者？尊者阿那律天眼第一，清淨無瑕穢，彼以「天眼」見「千世界、二千世界、三千大千世界」，彼能知見……

(33)是時，阿那律正身正意，繫念在前，以「天眼」觀「閻浮里」內而不見之，復以天眼觀「拘耶尼、弗于逮、欝單日」而不見之。

(34)復觀「四天王、三十三天、炎天、兜術天、化自在天、他化自在天」。乃至觀「梵天」而不見之，復觀千「閻浮地」、千「瞿耶尼」、千「欝單日」、千「弗于逮」、千「四天王」、千「炎天」、千「兜術天」、千「化自在天」、千「他化自在天」、千「梵天」，而不見如來。

(35)復觀「三千大千刹土」而復不見,即從坐起,語阿難曰:我今已觀「三千大千刹土」而不見之。

(36)是時,阿難及四部之眾默然而止,阿難作是念:如來將不「般涅槃」乎?……是時,「釋提桓因」告「三十三天」曰:如來今日食以「人間時節」,不用「天上時節」。

(37)是時,世尊已經三月,便作是念:閻浮里人「四部之眾」不見吾久,甚有「虛渴」之想。我今當捨「神足」,使諸「聲聞」知如來在三十三天。是時,世尊即捨「神足」。

(38)時,阿難往阿那律所,白阿那律言:今「四部之眾」甚有「虛渴」,欲見如來,然今如來不取「滅度」乎?

(39)是時,阿那律語阿難曰:昨夜有天來至我所,云:如來在三十三天善法講堂(sudharmā)。汝今且止,吾今欲觀如來所在。

(40)是時,尊者阿那律即結「加趺坐」,正身正意,心不移動,以「天眼」觀「三十三天」,見世尊在壁方「一由旬」石上坐。是時,阿那律即從三昧起,語阿難曰:如來今在「三十三天」與母說法。

(41)是時,阿難及四部之眾歡喜踊躍,不能自勝。

(42)是時,阿難問四部眾曰:誰能堪任至「三十三天」問訊如來?

(43)阿那律曰:今尊者目連神足第一,願屈神力往問訊佛……

(44)爾時,目連白佛言:世尊!四部之眾問訊如來,起居輕利,遊步康強;又白此事,如來生長「閻浮里」內,於「世間」得道,唯願世尊還來至「世間」,四部(四部大眾弟子)「虛渴」,欲見世尊。

(45)世尊告曰:(我至天上三個月乃)使四部之眾「進業」(精進道業)無惓……目連!汝還世間,却後七日,如來當往僧伽尸國(Sāṃkāśya,位於中印度恆河流域之古國。乃佛上「忉利天」三月爲母說法後下來人間之處)大池水側。

《佛說大乘造像功德經 • 卷上》

(1)一時佛在「三十三天」波利質多羅樹下,與無量大比丘眾及無量大菩薩眾俱,彌勒菩薩摩訶薩而為上首。

(2)爾時世尊在彼天上,「三月」安居,為母說法,於諸天眾多所利益,令無量諸天離苦解脫。無量諸天皆蒙法利,獲大福果……

(3)爾時「閻浮提」中無有如來,譬如暗夜,星中無月;如國無君,如家無主,歡娛、戲樂一切都息。

(4)是時眾生孤獨無依,皆於如來心懷「戀慕」,生大憂惱,如「喪父母」,如箭入心,共往世尊曾所住處,園林、庭宇悉空無佛,倍加悲戀,不能自止。

(5)爾時優陀延王(Udayana 即優填王)住在宮中,常懷悲感,渴仰於佛……更思惟:我今應當「造佛形像」,禮拜供養。

(6)復生是念：若我造像「不似」於佛，恐當令我獲無量罪……

(7)即時告勅國內所有「工巧」之人，並令來集。人既集已，而語之言：誰能為我「造佛形像」，當以「珍寶」重相酬賞。

(8)諸「工巧人」共白王言：王今所勅，甚為難事！如來相好，世間無匹。我今何能造佛形像？假使毘首羯磨天(Viśvakarman)而有所作，亦不能得似於如來。我若受命造佛形像，但可摸擬「螺髻(指佛頂結髮如螺髻形)、「玉毫(指如來眉間之白毫)」少分之相，諸餘相好光明威德，誰能作耶？

(9)世尊會當從天來下，所造「形像」若有「虧誤」，我等名稱並皆退失！竊共籌量，無能敢作。

(10)其王(優填王 Udayana)爾時復告之曰：我心決定，勿有所辭！如人患渴，欲飲河水，豈以飲不能盡，而不飲耶？

(11)是時諸人聞王(優填王 Udayana)此語，皆前拜跪，共白王言：當依所勅！然請大王垂許我等，今夜思審，明晨就作。

(12)復白王言：王(優填王 Udayana)今造像應用「純紫栴檀」之木，文理、體質堅密之者，但其形相為坐？為立？高下若何？

(13)王(優填王 Udayana)以此語問諸臣眾，有一「智臣」前白王言：大王！當作如來坐像。何以故？一切諸佛得大菩提，轉正法輪，現大神通，降伏外道，作大佛事，皆悉「坐」故。是以應作坐「師子座」，「結跏」之像。

(14)爾時毘首羯磨天(Viśvakarman)遙見其事，審知「王」(優填王 Udayana)意欲造佛像，(毘首羯磨天神)於其夜中作是思惟：我身所解最為「巧妙」，世間之中無如我者，我若為作，應「少似」佛。

(15)(毘首羯磨天神)即(神)變其身，而為(人間之)「匠」者，持諸利器，至明清旦，住王門側，令守門人具白王言：我今欲為大王造 ff 像！我之「工巧」世中無匹，唯願大王莫使餘人！

(16)王聞此語，心大欣慶，命之令入，觀其容止，知是「巧匠」，便生念言：世間之中何有此人？將非毘首羯磨天(Viśvakarman)，或其「弟子」，而來此耶？

(17)王於爾時即脫身上所著「瓔珞」，手自捧持，以挂其頸，仍更許以種種無量諸珍寶物。

(18)時王即與「主藏大臣」於「內藏」中選擇「香木」，肩自荷負，持與天匠(毘首羯磨天神)，而謂之言：善哉！仁者(毘首羯磨天神)！當用此「木」為我造像，令與如來形相相似！

(19)爾時「天匠」(毘首羯磨天神)即白王言：我之「工巧」雖云第一，然「造佛形相」終不能盡，譬如有人以「炭」畫「日」，言「相似」者，無有是處。設以「真金」而作「佛像」，亦復如是。

(20)有外道言：「梵王」(色界大梵天王)能作一切世間，然亦不能「造佛形像」盡諸相好！

(21)但我(之)「工巧」，(為)世中為上，是故我今為王作耳！今晨即是「月初八日」(農曆四月初八為佛的「誕生日」)……此日祥慶，宜應起作。

(22)發是語已，(毘首羯磨天神便)操斧斫₠木，其聲上徹三十三天……

(23)是時「天匠」(毘首羯磨天神)運其工巧，專精匪懈，不日(極短的時間，也可能是指不到一日的時間)而成。其像「加趺」，坐高「七尺」，面及手足皆「紫金色」……

(24)其王(優填王 Udayana)爾時即以種種殊珍異物賞彼「天匠」(毘首羯磨天神)。

(25)是時「天匠」(毘首羯磨天神)敬白王言：王今造像，我心隨喜。願與大王同修此福！今王所賜，非我敢受。若要相與，待餘吉日(下回再説囉！就是謝謝，我心領了)。

(26)作是語已，(毘首羯磨天神)即於其夜「還昇」本天(有可能是上班工作 8 小時而已，下班後，回天上去)。

(附參考資料)**東晉・法顯《高僧法顯傳》**

(1)有一小國名陀歷(Darada：陀羅陀；捺羅泥；捺羅那；達羅陀。北印度古國之名)，亦有眾僧，皆「小乘」學。其(陀歷)國昔有「羅漢」，(竟)以「神足力」將一(人間的)「巧匠」(這不是毘首羯磨天神)，(帶)上「兜率天」(去)觀彌勒菩薩(之)長短色貌。(然後再)還下(天)，(再)刻「木」作(彌勒菩薩)「像」。

(2)前後(總共)三(次)上(兜率天去)觀(彌勒菩薩之像)，然後乃(刻)成(木)像(的彌勒菩薩)。長(有)「八丈」(東晉的一丈＝10 尺，八丈＝80 尺，即現代大約 26.6 公尺高)足趺(也有)「八尺」。

(3)(於)「齋日」(之時，其像皆)常有「光明」。諸國王競興「供養」(此彌勒菩薩之木像)，今故現在於「此」。

講堂
宮殿

天梯

紀念款

餐桌
食物

三、「毘首羯磨」天神在密教經典中是為「大菩薩」之名，為「十六大士」中第 13 位的「北方」第一尊

唐・不空譯《大乘瑜伽金剛性海曼殊室利千臂千缽大教王經》卷 2〈諸佛出現證修金剛菩提殊勝品 2〉

爾時曼殊室利菩薩則為……說「次第」修行「如來」，祕密成就一切「金剛菩提」觀。如何(是)「十六大士」修行加持「菩提觀」者……(其)本有(的)「金剛殊勝」名號，(以及)祕密菩提行持，(能)傳授加被修學(中的)一切菩薩有情眾生，盡皆(能)成佛，何者本是「次第」(的)名號？云何聞觀「十六菩薩」殊勝名故？如何名「大士十六菩薩」？

一者：

「東方」第一普賢菩薩摩訶薩，名號金剛手，為一切有情(菩薩)，(能)稽首(證入)毘盧遮那如來(之心)，(能)「加持」一切眾生，令入一切「金剛薩埵」之三摩地，妙堅牢故，證修入一切如來「清淨法身」金剛實性中，轉「戒、定、慧、解脫、解脫知見」，成「金剛法輪」，利益一切有情眾生，令一切菩薩摩訶薩修入「佛心觀」。

二者：

不空王菩薩摩訶薩，號金剛鉤召，(能)自入三昧，(能)證入毘盧遮那佛(之)心，(生)出一切如來「大鉤召印」，(能)召請一切如來作「神通力」，從「金剛大鉤形」，出現加持一切世界(之)菩薩摩訶薩，(能)入微塵數諸佛如來「法身菩提」，令一切菩薩修入「菩提真如觀」。

三者：

摩羅大菩薩摩訶薩，號名金剛弓，(能)自入三昧，(能)證入毘盧遮那佛(之)心，住(於)如來「摩羅」(amala 無垢；離染)大清淨「業」最勝悉地，(能)成就「金剛菩提箭」，迅疾速入如來聖性聖力，(能)加持一切菩薩「身心性智」，除去諸障，(能)入「迅疾金剛菩提實性觀」。

四者：

極喜王大菩薩摩訶薩號，名金剛喜波羅，(能)自入三昧，(能)證入毘盧遮那佛(之)心，(與佛)同為一體，(能)出微塵數「歡喜波羅」形狀，(能)加持一切菩薩，(能)入「金剛菩提薩埵無我體性智空觀」。

五者：

「南方」第一虛空藏大菩薩摩訶薩，號名金剛藏王，(能)自入三昧，(能)證入毘盧遮那

佛心(之)金剛藏性，(能生)出一切如來「虛空法界寶藏」，(能)生「金剛妙寶形」，(能)出微塵數一切諸佛如來「三昧」光明照耀，(能)加持一切菩薩摩訶薩，(能)修入「金剛菩提輪三摩地法空觀」。

六者：

大威德光大菩薩摩訶薩，號名金剛光明，(能)自入三昧，(能)證入毘盧遮那佛(之)心，(能生)出一切如來「金剛日輪」三昧，(能)加持一切菩薩摩訶薩，(能)令修入「金剛三密佛三摩地，得證日輪菩提一性觀」。

七者：

寶幢摩尼大菩薩摩訶薩，號名金剛幢，(能)自入三昧，(能)證入毘盧遮那佛(之)心，(生)出一切如來「金剛祕密法藏聖力」，(能)加持一切菩薩摩訶薩，(能)令入「金剛勝幢寶藏」三摩地，(能)令證一切菩薩，入「無動地涅槃佛性無心觀」。

八者：

常喜悅大菩薩摩訶薩，號名金剛喜智，(能)自入三昧，(能)證入毘盧遮那佛(之)心，(能生)出「金剛微笑喜形」，(能)加持一切菩薩摩訶薩，(能)修證入一切如來「金剛歡悅實性三摩地」，(能)令一切菩薩，證入「悅意性清淨金剛實際觀」。

九者：

「西方」第一觀自在王大菩薩摩訶薩，號名金剛眼，(能)自入三昧已，(能)證入毘盧遮那佛(之)心，自性清淨身，(能生)出一切微塵數諸佛如來，(能)令一切眾生，住「三摩地」性，(皆)同為一體(性)，量等法界，遍盡虛空，生「大蓮華」金剛寶形如空法界。(能)從彼「金剛蓮華形」，出生一切如來「金剛自性」聖智三摩地，神境通自在聖力，(能)加持一切微塵數佛剎中一切「菩薩」摩訶薩，(能)令入「聖性自在神用諸佛慈心淨土觀」。

十者：曼殊室利大菩薩摩訶薩，號名灌頂王金剛慧，(能)自入「首楞嚴三昧」，(能)證入毘盧遮那如來(之)佛心，(與佛)同為一體，自在聖性，(能出)生微塵數「般若波羅蜜」慧智，(能)出生殑伽河沙「金剛慧劍般若形」，(能)證入一切如來「金剛智慧劍」，同為一性，(能)加持微塵數佛剎世界諸大菩薩摩訶薩，(能)修入一切如來「金剛三摩地」，(能)證「金剛慧劍」，揮滅一切眾生煩惱罪障，(能)成就一切有情眾生，修證「無上正等菩提觀」。

十一者：

妙慧法輪大菩薩摩訶薩，號名金剛場，(能)自入「法性輪」三昧，(能)證入毘盧遮那佛

心(之)「法輪性海」三摩地，(能)同一切如來「金剛聖性」、一體法輪智、法界金剛界三摩地，(能生)出一切佛剎微塵數微塵數諸佛如來，(能)加持一切菩薩摩訶薩，令入大「曼荼羅」灌頂，(能)證得「瑜伽三密」三摩地，(與)聖性相應，(獲)同等神通自在(之)聖力，修證「法性法輪三摩地觀」。

十二者：

聖意無言大菩薩摩訶薩，號名金剛聖語，(能)自入一切「文字般若無相」三昧，(能)證入毘盧遮那佛心(之)「金剛法性」，(與佛)同為一體，(能生)出一切如來祕密「三摩地」念誦狀形，(能)出生一切微塵數如來「金剛法性身」，(能)加持一切諸大菩薩摩訶薩，令自勤修證「三密」三摩地，(能)入「法界佛性法身聖性觀」。

十三者：

「北方」第一毘首羯磨大菩薩摩訶薩，號名金剛毘首羯磨轉法輪王，(能)自入三昧已，證入一切如來毘盧遮那佛(之)心，一切清淨「摩羅」(amala 無垢；離染)大寂諸佛菩提法藏，(能)出生微塵數佛剎世界一切「羯磨」如來世尊，(能)同為一切諸佛毘盧遮那如來「性海真如法藏」，(能出)生一切「金剛薩埵」毘首羯磨，(能)成就一切菩薩摩訶薩「阿耨菩提」，(能)令諸菩薩當自觀照「自性心地」，(能)修入證得「諸佛智鏡、金剛瑜伽三密、三菩提圓通、一切金剛三摩地觀」。

十四者：

難敵精進力大菩薩摩訶薩，號名金剛慈力迅疾灌頂，(能)自入「金剛智地」三昧，(能)證入毘盧遮那佛(之)心，(能)住如來「大金剛祕跡」三密性三摩地，佛「堅牢甲冑」性海同為一體，(能生)出百千「大金剛甲冑形」，(能)住(於)佛手掌中，(能)從「金剛甲」冑形，(能)生一切世界微塵數諸佛國土「如來」，(能)守護一切儀範軌則廣大「事業」，(能)同一切如來「神通」自在聖力，(能)加持一切菩薩摩訶薩，(能)得難敵聖力「精進」道行，(能)速證疾入「如來金剛甲冑體性三菩提觀」。

十五者：

摧一切魔怨大菩薩摩訶薩，號名金剛暴怒，(能)自入三昧，(能)證入毘盧遮那如來佛(之)心，(與佛)同為一體一性，(能)出「金剛大牙器仗」金剛狀形，(能)住佛掌中，(能)從彼「金剛牙形」，(能出)生一切佛世界微塵數如來「金剛身」，(能)作一切「降伏、暴怒」等，(能)為一切佛神通聖力，(能)加持一切菩薩摩訶薩，(能)成就「金剛牙器仗」安立(於)世界中，(能以)「暴怒」恐怖(而)摧(撕裂)伏(降伏)一切「天魔」，及一切自性(之)「煩惱魔」，(能)令一切菩薩(獲)得無礙，(能)修證如來三摩地，(能)令入「聖智自性三密迅疾金剛觀」。

十六者：

金剛拳法界王大菩薩摩訶薩，號名堅跡金剛界，(能)自入「月輪」心，瑩淨自性智鏡三昧，(能)入一切佛心如來「金剛薩埵」菩提地，(能生)出一切佛世界微塵數「佛土」一切如來，(能)加持一切菩薩摩訶薩，(能)令修證入一切「平等性智」三摩地，(能)證金剛甚深一切法義，成就菩提，(能)速超入一切如來毘盧遮那法身「智鏡」性，則見我身，同如來形，(能)證入「金剛界性」，成就一切如來「法智身佛五眼觀」。

則是時「十六大士菩薩」摩訶薩，各各自說「觀門」，諸佛如來(之)「金剛」悉地，(與)成就「阿耨多羅三藐三菩提」，令一切菩薩摩訶薩及一切有情眾生，修證入「瑜伽三密門」(yoga 意譯作「相應」，顯教指的是集中「心念」於一點，修止觀中的「奢摩他」與「毘缽舍那」，定慧雙修之行，進而與「正道」相應感應。在密教中則稱「瑜伽」為「三密瑜伽、三密相應」。身結印、口誦咒、意念觀想，三事相應)、(以及)三十支「三摩地」金剛菩提觀已，其時閻浮提世界，忽然廣博嚴淨，現為金色世界廓清，即有微塵數千百億佛剎世界一切諸佛如來，同時出現為作證明，總共讚歎曼殊室利為於上首，與普賢等「十六大士菩薩」摩訶薩，願為一切有情眾生，疾令修證，速得成就「阿耨多羅三藐三菩提」。

唐·不空譯《金剛頂一切如來真實攝大乘現證大教王經》卷 2〈金剛界大曼荼羅廣大儀軌品〉

爾時，毘首羯磨大菩薩身，從世尊(之)心(而)下，依一切如來前(之)「月輪」而住，復請教令。

唐·金剛智譯《金剛頂瑜伽中略出念誦經》卷 2

于時，大毘首羯磨摩訶菩提薩埵身，從佛(之)心(而)下已，依於如來前(之)「月輪」中住，復請教示。

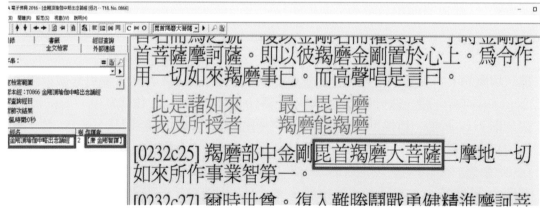

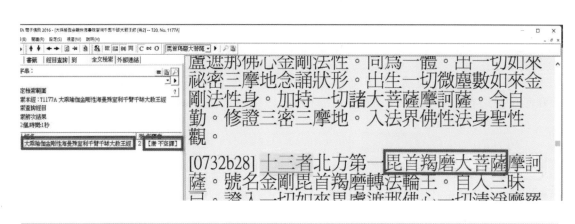

南无纏發心能轉法輪菩薩
南无金剛道場菩薩
南无金剛語言菩薩
南无大毗首羯磨菩薩
南无金剛毗首菩薩

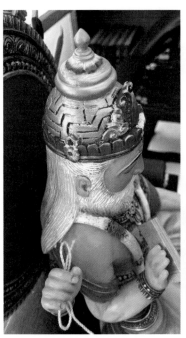

四、「毘首羯磨」菩薩與觀世音同為「四大菩薩」之一

唐・不空譯《大樂金剛不空真實三昧耶經般若波羅蜜多理趣釋》卷2

❶所謂一切有情(眾生皆具有)「如來藏」(性)，(皆)以普賢菩薩(為體性，為)一切(眾生)我(所具之)故者。
一切有情(皆)不離「大圓鏡智」性(轉第八識為「大圓鏡智」)，是故如來說一切有情(皆具有)「如來藏」(性)，(皆)以普賢菩薩(為)同一體(性)也。

❷一切有情(眾生皆具有)「金剛藏」(性)，(能)以(為)「金剛藏」(之所)灌頂故者。
一切有情(皆)不離「平等性智」性(轉第七識為「平等性智」)，是故如來說一切有情(皆具有)「金剛藏」(性)。「金剛藏」者，即(是)虛空藏(菩薩)也，以「金剛寶」(而)獲得「灌頂」也。

❸一切有情(眾生皆具有)「妙法藏」(性)，能轉(生起)一切「語言」(之)故者，
一切有情(皆)不離「妙觀察智」性(轉第六識為「妙觀察智」)，是故如來說一切有情(皆具有)「妙法藏」(性)，「妙法藏」者，(即是)觀自在菩薩也(即觀世音菩薩)，於佛(之)大集會(中)，能轉「法輪」也。

❹一切有情(眾生皆具有)「羯磨(事業)藏」(性)，「羯磨藏」者，即(是)毘首羯磨菩薩也(顯教經典都稱此尊是在忉利天的毘首羯磨「天神」，但密教經典則稱之為「菩薩」)，能作所作(諸事業)性(而與之)「相應」故者。
一切有情(皆)不離「成所作智」性(轉前五識為「成所作智」)，能作「八相」成道，所作「三業」化，(能)令諸有情(眾生獲得)調伏(與)相應也。
此「四種智」(大圓鏡智、平等性智、妙觀察智、成所作智)，即(是)四大菩薩(金剛薩埵普賢菩薩、虛空藏菩薩、觀自在菩薩、毘首羯磨菩薩所顯)現(之)轉輪王是也。

「四智」與「四大菩薩」配製表

四大菩薩	四智
金剛薩埵普賢菩薩	轉第八識為「大圓鏡智」
虛空藏菩薩	轉第七識為「平等性智」
觀自在菩薩	轉第六識為「妙觀察智」
毘首羯磨菩薩	轉前五識為「成所作智」

[0615c10] 時婆伽梵如來者。是毘盧遮那佛也。復說一切有情加持般若理趣。所謂一切有情如來藏以普賢菩薩一切我故者。一切有情不離大圓鏡智性。是故如來說一切有情如來藏。以普賢菩薩同一體也。一切有情金剛藏以金剛藏灌頂故者。一切有情不離平等性智性。是故如來。說一切有情金剛藏。金剛藏者即虛空藏也。以金剛寶獲得灌頂也。一切有情妙法藏能轉一切語言故[13]者。一切有情不離妙觀察智性。是故如來說一切有情妙法藏。妙法藏者觀自在菩薩也。於佛大集會能轉法輪也。一切有情羯磨藏。羯磨藏者[14]即毘首羯磨菩薩也。能作所作性相應故者。一切有情不離成所作智性。能[15]作八相成道所作三業化。令諸有情調伏相應也。此四種智。即四大菩薩現轉輪王是也。時外金剛部欲重顯明此義故作歡喜聲說金剛自在自真實心者。外金剛部者。摩醯首羅等二十五種類諸天也。心真言者。

[0615c29] 怛唎字怛字真如義。真如有七種。所謂流轉真如。

密典中稱「毘首羯磨」為菩薩
且與觀世音同為「四大菩薩」之一
平起平坐

五、「毘首羯磨」菩薩建築設計了諸多「天上」的「宮殿」

得勝堂(最勝堂)

「天帝」(帝釋天)與「阿修羅」交戰「得勝」，令「毘首羯磨」天神所建造最為殊勝之「堂殿」，稱為「得勝堂」，又稱「最勝堂」(vaijayanta 殊勝殿;妙勝殿;最勝法堂;皮禪延;毗闍延)。

隋・智者大師說《摩訶止觀・卷第五(上)》

譬如毘首羯磨(Viśvakarman 天神)造「得勝堂」(vaijayanta 殊勝殿;妙勝殿;最勝法堂;皮禪延;毗闍延)，不疎不密，間隙容「綖」ㄞˊ(一線之細也)。巍巍昂昂，峙ㄓˋ (聳立)於上天。非「拙匠」所能揆(度量)則(准則)。

隋・智者大師說《妙法蓮華經文句・卷第一上》

(1)「帝釋」與「脩羅」戰勝，(請毘首羯磨天神)造「得勝堂」(vaijayanta 殊勝殿;妙勝殿;最勝法堂;皮禪延;毗闍延)，七寶樓觀，莊嚴奇特。梁柱支節皆容「一綖」ㄞˊ(一線之細也)，不相著而能相持。天福之妙，力能如此。

(2)目連飛往，「帝釋」將目連看「堂」(得勝堂)，諸天女皆羞目連(因為目連來訪而羞，因為彼等皆在享樂，羞見佛之大弟子也)，(諸天女)悉「隱逃」不出。目連念:「帝釋」著樂，不修道本，即變化(用神通變化)燒「得勝堂」，赫然崩壞，仍為「帝釋」廣說「無常」。

(3)「帝釋」歡喜，後「堂」(得勝堂)儼然(整齊回歸成)無(有)「灰煙」(之)色。

《佛説長阿含經・卷第二十一》

(1)佛告比丘:昔者，諸天與「阿須倫」共鬪。爾時，諸天得勝，「阿須倫」退。時「天帝釋」戰勝還宮，(請毘首羯磨天神)更造一堂，名曰「最勝」(vaijayanta 殊勝殿;妙勝殿;最勝法堂;皮禪延;毗闍延)。

(2)東西長百由旬，南北廣六十由旬。其堂百間，間間有「七交露臺」，一一臺上有「七玉女」。一一玉女有「七使人」。

(3)「釋提桓因」亦不憂供給(奉承供侍)，諸玉女「衣被、飲食、莊嚴之具」，隨本所造，自受其福。

(4)以戰勝「阿須倫」，因「歡喜心」而(請毘首羯磨天神)造此堂，故名「最勝堂」(vaijayanta 殊勝殿;妙勝殿;最勝法堂;皮禪延;毗闍延)，又「千世界」中所有「堂觀」，無及此堂，故名「最勝」。

《大般涅槃經・卷第一》

爾時「釋提桓因」及「三十三天」設諸供具，亦倍勝前，及所持花，亦復如是。香氣微妙，甚可愛樂，持(由毘首羯磨天神所造的)「得勝堂」(vaijayanta 殊勝殿;妙勝殿;最勝法堂;皮禪延;毗闍延)，

并諸「小堂」，來至佛所，稽首佛足，而白佛言：世尊……

《譬喻經(第 1 卷-第 39 卷)》卷 2

<u>須陀蘇那宮</u>(Sudarśana 善見堂；善見城；又作麤澀園、粗澀園、麤澀園、麤惡苑、麤惡苑。位於須彌山之山頂，堂之四方各有園林，乃諸天人遊觀嬉戲之處)，(是由)<u>毘首羯摩</u>(Viśvakarman)造，具華美「樓閣」，(有)「七寶」(以)為裝飾。

六、「毘首羯磨」菩薩協助建築了諸多「人間」的「宮殿、講堂、樓閣、瑤臺」

《長部經典(第 15 卷-第 23 卷)》卷 17

(1)爾時,阿難!諸天主之「帝釋天」,以心知大善見王(釋迦佛的前生曾當此大善見轉輪聖王)之心,(即)命毘首羯摩(Viśvakarman)天子曰:來!毘首羯摩(Viśvakarman)!為大善見王建造「宮殿」,名為「達磨(法)高殿」。

(2)阿難!毘首羯摩(Viśvakarman)天子,(即)應諾諸天主之「帝釋天」:唯然!……大王!建造「宮殿」,名為「法高殿」。

《南傳長部經典》卷 2

(1)阿難!時諸天之主「帝釋天」,以心知大善見王心(釋迦佛的前生曾當此大善見轉輪聖王)・命毘首羯摩(Viśvakarman)天子曰:毘首羯摩(天神)!來為大善見王起造「宮殿」,名曰「法堂」(法高殿)。

(2)阿難!毘首羯摩天子答諸天之主「帝釋天」曰:唯然!……大王!我將為主起造「宮殿」,名曰「法堂」(法高殿)……毘首羯摩天子,便為大善見王起造「宮殿」,(名為)「法之高堂」(法高殿)。

《長部經典》卷 17

有「八萬四千」之「高殿」,(其中)以「法高殿」為(最上)首(此為毘首羯磨天神所造)。

《佛本行集經》卷 4〈受決定記品 2〉

(1)是人於後滿五百劫,當得作佛,號釋迦牟尼。

(2)(釋迦)我於彼時,得「授記」已,不捨「精進」業因緣故,(又)經(過了)無量世,(還)作(過)「梵釋天、轉輪聖王」。

(3)又(因)是(果)報故,我(於)時(還曾)作一「轉輪聖王」,名曰善見(釋迦佛的前生曾當此善見轉輪聖王)。(當)時(的)天帝釋(派了)毘首羯磨(Viśvakarman)下(凡)來,為我(神通變)化作「一殿」(一個宮殿),名一切勝(即指法高殿)。

(4)以是「善業果報」(的)因緣,我今得成「阿耨多羅三藐三菩提」,乃至(能)轉於「無上法輪」。

東晉・法顯《大般涅槃經・卷中》(小乘版的《涅槃經》)

(1)時「天帝釋」知(大善見)王(之)心念。(於是便)呼一「天子」,名毘首建磨(Viśvakarman),(此天神)極為「妙巧」無事不能,而語之言:

(2)今閻浮提，轉輪聖王名<u>大善見</u>_(釋迦佛的前生曾當此大善見轉輪聖王)，其今欲更開拓「宮城」，汝_(毘首建磨天神)便可_(從天)下_(來)，為作「監匠」，使其居處「嚴麗」_(莊嚴華麗)，_(所有的)「雕飾」_(皆)如我_(在天上的宮殿而)無異。

(3)彼_(毘首建磨)天_(神)奉_(天帝釋之)勅，_(於是)即便_(從天上)來下，猶如壯士，屈伸臂頃，_(就)到_(了)閻浮提。_(毘首建磨天神)當_(於大善見)王_(之)前_(而)立，時_(大善見)王既見彼_(毘首建磨)「天子形」，風姿端正，必知「非凡」，而問之言：汝是何神？而忽來下？

(4)_(毘首建磨)天_(神)即答言：_(大善見)大王當知！我_(是)「天帝釋」之「大臣」也，_(我)名毘首建磨，極閑_(於)「工巧」_(此天神即是「十項全能、無事不能」的人)。_(大善見)大王心欲「開廣宮殿」故，「天帝釋」_(於是就派)遣_(毘首建磨)我來下，為作「監匠」_(人間的建築師、工匠、雕刻師、設計師，說不定很多「人」可能有「問題」。因為說不定就是「毘首天神」的化身呢)以助於王。

(5)_(大善見)王聞此言，心懷歡喜。時彼_(毘首建磨)天子，即便「經始」_(開始經營)，開廓「宮城」。

(6)城之「四門」，其間相去，_(有)二十四「踰闍那」_(yojana 由旬)，_(毘首建磨天神)為_(大善見)王起「殿」。高下縱廣，各八「踰闍那」，七寶嚴麗_(莊嚴華麗)，_(皆)如「帝釋宮」，其殿凡有八萬四千「間隔住處」，皆有七寶「床帳臥具」。

(7)又復為_(大善見)王起「說法殿」_(即指法高殿)，高下縱廣，亦八「踰闍那」，七寶莊嚴，無異於前。其殿四面，有「七寶樹」，及以名「華」，列植_(成行的種植)蔭映_(覆照)，又造「寶池」，其水清潔，具八功德。

(8)其殿中央，施「師子座」，七寶莊嚴，極為高廣。覆以「寶帳」，垂_(同「垂」)七寶。又為四遠來聽法者，設「四寶座」，黃金、白銀、琉璃、頗梨，其數凡有八萬四千。

(9)<u>毘首建磨</u>_(天神)既為彼_(大善見)王造作「宮城」_(即指法高殿)，皆悉竟已，_(便)與_(大善見)王辭別，忽然不現，_(毘首建磨天神即)還歸_(於)天上。

《佛說福力太子因緣經・卷第三》

「帝釋天主」勅<u>毘首羯磨天子</u>(Viśvakarman)，普於「園林」，悉令化出「四寶」所成廣大「樓閣」，以備太子隨意_(而)受用。

《佛說眾許摩訶帝經・卷第十三》

(1)於是「帝釋」告<u>毘首羯磨天子</u>(Viśvakarman)言：汝_(應神通變)化_(出一個)「儞也_(二合)誐嚕馱林」_(Nyagrodha-ārāma 尼拘律樹精舍)，_(可)作「大法會」_(使用。當然這是「講經說法」專用，不是現在的「經懺」在使用的啦)，其中「臺殿樓閣」悉安「師子之座」，咸以「眾寶」而為嚴飾。

(2)復開四門，各以「四寶」裝鉸_(金屬裝飾)，復令「四天大王」而守護之。

(3)時<u>毘首羯磨天子</u>承「帝釋」_(之)命，_(即用神通)變_(化出)「大法會」_(的臺殿樓閣)，_(以)種種「嚴飾」_(之)，如「帝釋」_(之所)教。

《增壹阿含經》卷26〈等見品 34〉

(1)是時,「釋提桓因」告「自在天子」(毘首羯磨天神)曰:(北方)「毘沙門」(天王)今日以造「鐵厨」,與佛、比丘僧作「飯食」。汝(毘首羯磨天神)今可化作「講堂」(可吃飯用、也可講法、聽法使用),使佛、比丘僧於中得飯食。

(2)「自在天子」(毘首羯磨天神)報曰:此事甚佳!

(3)是時,「自在天子」(毘首羯磨天神)聞「釋提桓因」(之)語,(即於)去羅閱城(王舍城)不遠(處),(變)化作「七寶講堂」。所謂七寶者:「金、銀、水精、琉璃、馬瑙、赤珠、車渠」。

(4)復化作「四梯陛ᵃ」(階梯陛級):「金、銀、水精、琉璃」。「金梯陛」上化作「銀樹」。「銀梯陛」上化作「金樹」,「金根、銀莖、銀枝、銀葉」。若復「金梯陛」上化作「銀葉、銀枝」。「水精」梯上,化作「琉璃樹」,亦各「雜種」,不可稱計。

(5)復以「雜寶」而廁其間,復以「七寶」而覆其上,周匝四面懸好「金鈴」,然彼「鈴聲」皆出「八種之音」。復化作「好床座」,敷以「好褥」,懸繒「幡蓋」,世所希有……

(6)是時,諸國王復遙見高廣「講堂」,問侍人曰:此是何人所造「講堂」?昔所未有,為誰所造?

(7)群臣報曰:不知此緣?

(8)是時,頻毘娑羅王(Bimbisāra 即阿闍世 Ajātaśatru 之父親)作是念:我今至世尊所,問此義,然佛世尊(乃)無事「不知」,(且)無事「不見」(者)……

(9)毘娑羅王(Bimbisāra)白世尊言:昔日不見此高廣「講堂」(可吃飯用、也可講法、聽法使用),今日見之。昔日不見此「鐵厨」,今日見之。將是何物?為是誰變?

(10)世尊告曰:大王當知!此(北方)「毘沙門」天王所造(之鐵厨),及「自在天子」(毘首羯磨天神)造此「講堂」……

(11)「釋提桓因」(即)告「自在天子」(毘首羯磨天神)曰:汝今從「須彌山」頂,至僧迦尸「池水」(Sāṃkāśya,位於中印度恆河流域之古國。又作僧伽尸沙國、僧迦施國、僧迦奢國、僧迦舍國、僧柯奢國、桑迦尸國,別稱劫比他國,乃佛上「切利天」三月為母說法後下來人間之處),作「三道路」,觀如來不用「神足」(而)至閻浮地。

(12)「自在天子」(毘首羯磨天神)報曰:此事甚佳,正爾(立刻)時辦!爾時,「自在天子」(毘首羯磨天神)即化作「三道」(指寶階):金、銀、水精。

《金色童子因緣經・卷第十一》

(1)爾時「帝釋天主」遍觀下界具知其事,即作是念:此妙耳商主能於佛所善作佛事,豈應棲止「殘破舍」中?

(2)念已,即告毘首羯磨天子(Viśvakarman)言:汝今宜往妙耳商主「殘破舍」中,化成「殊妙清淨舍宅」,四寶所成「八重層級」。

(3)是時<u>毘首羯磨</u>天子受教命已，於剎那間至<u>滿度摩城</u>商主之舍，化「淨舍宅」，嚴以四寶，八柱棟樑，層級次第，高顯妙好，戶牖ㄨ（門窗）軒窻ㄔ（同「窗」），垣ㄢ 牆（院墻：圍墻）具足。

(4)門置「樓閣」，「象牙」莊嚴，如「菴羅果」。寶繩交絡，垂珠花瓔，豎立幢幡，周匝妙好，潔白嚴淨，狀如「月光」，復如「雪聚」。

(5)繒綵（彩色繒帛）間錯，及有無數，「金銀、瑠璃、水精、瑪瑙、帝青、大青」等，諸妙寶而為莊飾。

(6)四門各各置一「金瓶」，悉用滿盛「八功德水」，復有無數百千殊妙「珍寶」充滿其舍。

(7)時<u>妙耳</u>商主，還至自舍，見是殊勝「寶嚴舍宅」，見已驚異，心生歡喜，其妻即時心喜躍故。

(8)持「金瓶水」授其夫主，而用盥ㄍㄨㄢ 滌ㄉ一，作是白言：仁者福力能招如是「殊勝」之事，此之最上「寶嚴舍宅」由何置邪？<u>妙耳</u>商主加復踊躍，最上喜悅。

《本生經(第 14 卷-第 16 卷)》卷 16

(1)「帝釋天」知其緣由，呼<u>毘首羯摩</u>（天神）：卿！汝行，為<u>摩訶波羅那</u>王子建造縱橫各「半由旬」，高「二十五由旬」之「寶玉瑤臺」。

(2)（天帝釋即）派遣（毘首羯磨天神）前往。彼以「天工匠」之「服裝」，往「工匠」等之處，（即）謂「工匠」曰：汝等且往（他處回家去），（等明天）朝食（之後）再來。

(3)彼（毘首羯磨天神）遣去「工匠」後，以（自己以）棒敲地，即時建起如前述之「七層瑤臺」。

《大王統史》卷 28

(1)「帝釋天」向<u>毘首羯磨</u>（天神）言：伽摩尼王提案塔之「甄」事，汝距〔阿瓷羅陀〕府一由旬，往彼<u>康毘羅</u>河畔，於彼處造「甄」。

(2)如斯受「帝釋天」之命，<u>毘首羯磨</u>（天神）來此〔楞伽島〕，於其處造「甄」。

七、「毘首羯磨」菩薩協助建築諸多人間的「大城」

《譬喻經(第 40 卷-第 59 卷)》卷 45

四四七 菩提家施者

(1)悉達多世尊，世之兩足主，信心我歡喜，以作菩提家……六十五劫昔，我為轉輪王，城名伽西伽，(此為)毘首羯摩(天神)造。橫廣「十由旬」，縱長「八由旬」，城中無「木片」，亦無「蔓草泥」。

(2)宮殿名吉祥，毘首羯摩(天神)造，橫廣「一由旬」，縱長「半由旬」。八萬四千柱，塔牆(皆為)「寶石」(所)造。我有「純金」(之)家，(此為)毘首羯摩(天神)造，此為我住處，施家之果報。

《譬喻經(第 40 卷-第 59 卷)》卷 48

(1)佛由「禪定」出……世間最勝者，人中之「牛王」……彼時我之「城」，富榮構造美，「三十由旬」縱，「二十由旬」橫。

(2)城名索巴那，(此為)毘首羯摩(天神)造……四重牆壁繞，中央摩尼造，多羅樹三行，(此為)毘首羯摩(天神)作。

《譬喻經(第 40 卷-第 59 卷)》卷 49

二千六百劫，應生於「人界」，四邊領有者，大力轉輪王。城名毘婆羅，(此為)毘首羯摩(天神)造，全部為「黃金」，(有)種種「寶石鏤」。

《譬喻經(第 40 卷-第 59 卷)》卷 57

「瞿曇彌」(Gautama 世尊所屬之本姓)已眠，恍惚如純金，移於重閣中。彼「四護世」肩，平等以肩擔，「帝釋」等諸天，攝受於「重閣」。「重閣」有五百，皆為秋日色，(此為)毘首羯摩(天神)造。

八、「毘首羯磨」菩薩也協助建設了許多「人間」的「塔」

《大王統史》卷30

第三十章　舍利室裝置

(1)汝以如何之形作此「塔」？〔王〕問彼〔瓦工〕。

(2)於此之剎那，<u>毘首羯磨</u>(天神)憑此「瓦工」，瓦工滿水於「金鉢」，用掌受水打水面，生似「玻璃球」之大水泡，言將似此作之「塔」，王喜彼。

（我在懷疑，人間的「金字塔、舍利塔、各種寶塔」，可能天神都有「化身」來參與過「設計」？）

九、「毘首羯磨」菩薩協助建築諸多修行人用的「精舍、仙處」

《譬喻經(第 40 卷-第 59 卷)》卷 41

雪山之近處，有名無憂山，(此為)毗首羯摩(天神)作，彼處我有「庵」。

《本生經(第 3 卷)》卷 3

(1)「帝釋天王」探索理由，知為鋤賢人，為「大出家」而來。「帝釋」思惟：諸多「羣眾」前來，須為建造「住居」。

(2)(天帝釋)告毘首羯磨(天神)曰：此鋤賢人為「大出家」，須造「住居」。汝(毘首羯磨天神)往雪山地方，於「平正」之地域，為造長「三十由旬」、廣「十五由旬」之「隱棲」處。

(3)(毘首羯磨天神)彼承諾謂：承知尊命，天王！於是(毘首羯磨天神即)前往，如(帝釋天之)命「建造」……

(4)毘首羯磨(天神)於「隱棲」所作「草葺ᐟ」之「小舍」，放「惡聲」，嚇退「野獸、鳥」及「鬼類」。於四方各留「寬幅一步」之道，然後歸自己之住所。

(5)鋤賢人由「眾徒」伴隨，入雪山地方，到達「帝釋天」所贈之「隱棲所」。(大家都獲)得毘首羯磨(天神)所作「出家」之(住居等需要的)「資具」(指僧人日常生活所需之四事：衣服、飲食、臥具、醫藥，或指衣服、飲食、湯藥、房舍等)。

《本生經(第 14 卷-第 16 卷)》卷 15

(1)佛於晨朝，托「鉢」入舍衛城……佛受之，「坐」於其處而食。食終，佛言：阿難！將此「核」付與園長，「植」於此處，此將成為「騫荼菴羅樹」。

(2)「長老」依言，於是園長掘地「植」之……「黃昏」之時，「諸神之王」(天帝釋)熟思：造「七寶之幕」(帳幕；蓬帳；帷幔；簾幔)，為我等之責(任)。

(3)於是(天帝釋)速遣毘首竭摩(天神)覆以「青蓮華」十二由旬，作「七寶之幕」；如是(有)一萬世界之「神」(皆)前來參集。

《本生經(第 17 卷-第 18 卷)》卷 17

王子對大眾合掌，而向雪山出發。諸人歸去時，「諸神」化為「人姿」而來，與菩薩超越「七山之頂」到雪山，依毘首羯磨「妙匠」所建之「草庵」，為「仙道」而「出家」。

《本生經(第 17 卷-第 18 卷)》卷 17

(1)「帝釋」冥想，已知其事，護象青年，毅然「出家」，其集合之人等，當然「甚眾」，「住居」場所，當然不足。

(2)(天帝釋)於是命「天匠」毘首羯磨：汝往「建設」，長三十六由旬，幅十五由旬之「仙

處」，(並)為「出家」者整備必要之(衣食)「物品」(指僧人日常生活所需之四事：衣服、飲食、臥具、醫藥，或指衣服、飲食、湯藥、房舍等)。

(3)(毘首羯磨)「天匠」受命，於恒伽河之河岸居住舒適之「場所」，「建造」依據命令之「仙處」，於「草庵」之中，作「小枝」之敷物，及樹葉之敷物。如是「設置座席」及造作「出家人」所需之一切「物品」。

(4)每一庵之入口各有一「經行」之處，並區分「晝夜」之場所，具備塗漆之「板凳」……凡此一切皆依(毘首羯磨天神)「神力」而成。

(5)毘首羯磨(天神)如是建設「仙處」，於草庵中為「出家」者等整備「必要之物品」(指僧人日常生活所需之四事：衣服、飲食、臥具、醫藥，或指衣服、飲食、湯藥、房舍等)。

《本生經(第 17 卷-第 18 卷)》卷 17

「帝釋」知彼之「出離」，於是遣毘首羯磨(天神)，作長十二由句，寬七由句之「仙處」，為「出家者」整備一切「必要之物」(指僧人日常生活所需之四事：衣服、飲食、臥具、醫藥，或指衣服、飲食、湯藥、房舍等)。

《本生經(第 19 卷-第 22 卷)》卷 19

(1)「帝釋天」知彼之「出家」，呼毘首羯磨(天神)吩咐云：此火護出家遁世，將集合「多數大眾」前來，汝於瞿陀婆利河畔之伽維陀林中「建修道院」，整備「出家」之「道具」(指僧人日常生活所需之四事：衣服、飲食、臥具、醫藥，或指衣服、飲食、湯藥、房舍等)。

(2)毘首羯磨(天神即)依言而行。

《本生經(第 19 卷-第 22 卷)》卷 19

(1)爾時「帝釋天」知彼「出城」，呼毘首羯磨(天神)近前，命令遣派云：毘首羯磨(天神)！須陀蘇摩王如願「出城」，彼需用居所，集團過大，汝往雪山地方，於恒河岸邊，為彼等建長三由句，幅五由句之「道院」。

(2)毘首羯磨(天神)依命而為，於「道院」之中準備「出家」之「道具」(指僧人日常生活所需之四事：衣服、飲食、臥具、醫藥，或指衣服、飲食、湯藥、房舍等)……至如毘首羯磨(天神)「建造道院」之方法。

《本生經(第 23 卷-第 24 卷)》卷 24

(1)王子遣送馭者後，心起願為「出家」者。

(2)「帝釋」知此之心，向毘首羯摩(天神)命令：提蜜耶王子思欲「出家」。汝(毘首羯磨天神)往為彼作「葉之庵」，及出家人「必要之物」(指僧人日常生活所需之四事：衣服、飲食、臥具、醫藥，或指衣服、飲食、湯藥、房舍等)。

《本生經(第 25 卷)》卷 25

(1)「帝釋」知此事情，告<u>毘首羯摩</u>(天神)云：汝，<u>毘首羯摩</u>(天神)！此二「偉大」之人「出家」，入<u>喜馬拉雅</u>山地。彼等「住之場所」，實為必要。

(2)汝(毘首羯磨天神)由<u>密伽桑瑪達</u>河距離半「拘盧舍」之處，為二人前往，化作「葉之庵」及「出家」之「必要品」(指僧人日常生活所需之四事：衣服、飲食、臥具、醫藥，或指衣服、飲食、湯藥、房舍等)。

(3)彼(毘首羯磨天神)承諾：甚善！

──天神必須是要「十項全能」者，也是我們的「衣食父母」啊！──

《本生經(第 23 卷-第 24 卷)》卷 24

(1)王與此眾多人等，一同在「摩訶薩」之前出家，「帝釋」贈物之「仙處」，綿經「三由旬」……

(2)於「布薩」日(poṣadha齋戒日)，彼等在<u>毗首羯磨</u>(天神)作出之「果樹」之下，立於地上，取「樹實」而食，行「沙門」法。

十、「毘首羯磨」菩薩精於「電梯、雲梯、扶梯、高梯、階梯」等高科技工藝

《增壹阿含經》卷26〈等見品 34〉

(1)是時，<u>目連</u>(於)屈申臂(之)頃(間)，(就歸)還詣<u>舍衞城祇樹給孤獨園</u>，往詣「四部」眾，而告之曰：諸賢當知，(於)却後七日，「如來」當(從忉利天)來下，至閻浮里地(的)<u>僧迦尸</u>(Saṃkāśya，位於中印度<u>恆河</u>流域之古國。又作<u>僧伽尸沙國</u>、<u>僧迦施國</u>、<u>僧迦奢國</u>、<u>僧迦舍國</u>、<u>僧柯奢國</u>、<u>桑迦尸國</u>，別稱<u>劫比他國</u>，乃佛上「忉利天」三月爲母說法後下來人間之處)大池水側……

(2)爾時，臨(近)七日(之)頭，「釋提桓因」(即)告「自在天子」(毘首羯磨天神)曰：汝今從「須彌山」頂，至<u>僧迦尸</u>「池水」(間)，作「三道路」，觀如來不用「神足」(而)至閻浮地。

(3)「自在天子」(毘首羯磨天神)報曰：此事甚佳，正爾(立刻)時辦！

(4)爾時，「自在天子」(毘首羯磨天神)即化作「三道」(指實階)：金、銀、水精。是時，「金道」當在中央，俠(著)「水精」(之)道側、「銀」(之)道側，化作「金樹」。

《本生經(第 14 卷-第 16 卷)》卷 15

(1)佛過雨期，於「自恣」終了，(佛即)告「帝釋」，欲(回)歸「人間」，(天)帝釋(立刻)喚<u>毘首羯摩</u>(Viśvakarman)近前命曰：(請)為「十力尊」(導)歸「人間界」(的如來)，為作「階梯」(吧)！

(2)彼(毘首羯摩天神即)於「須彌山頂」作「階梯」之一端，另一端則作於「僧伽舍」城門之處；其中間者為「寶珠」造，一方之側為「白銀」造，另一側「黃金」造，為築此「三階梯」；「階梯」以「七寶」造之，欄楯圍繞。

《根本說一切有部毘奈耶雜事・卷第二十九》

(1)爾時<u>目連</u>見眾去已，即從座起偏袒右肩，合掌向佛白言：世尊！「贍部洲」中所有四眾，各並虔誠來至我所，作如是語：大德！我等久不見佛，咸生渴仰，我等願欲奉見世尊……我等四眾，無有「神通」，能往三十三天禮世尊足，親觀供養……

(2)爾時世尊告<u>目連</u>曰：汝今可往「贍部洲」中告諸四眾：滿彼七日已，佛從天處，向「贍部洲」，於<u>僧羯奢城</u>(Saṃkāśya，位於中印度<u>恆河</u>流域之古國。又作<u>僧伽尸沙國</u>、<u>僧迦施國</u>、<u>僧迦奢國</u>、<u>僧迦舍國</u>、<u>僧柯奢國</u>、<u>桑迦尸國</u>，別稱<u>劫比他國</u>，乃佛上「忉利天」三月爲母說法後下來人間之處)清淨曠野，烏曇跋羅樹邊而下。

(3)時大<u>目連</u>聞佛語已，頂禮佛足即還入定，猶如壯士屈申臂頃，於三十三天沒贍部洲中出，告諸四眾，滿此七日已，佛從天處來「贍部洲」烏曇跋羅樹邊而下，時諸四眾各持香花，往「僧羯奢城」，時彼城中所有人眾，聞佛將至，皆大歡喜……

(4)是時「帝釋」白佛言：世尊！今欲詣「贍部洲」。

(佛)答言：我去。

(帝釋)白言：為作「神通」？為以「足步」？

(佛)答言：「足步」！

(5)「帝釋」即命「巧匠天子」(毘首羯磨天神)日：汝應化作「三道寶階」，黃金吠琉璃「蘇頗胝迦」(sphatika 白珠；水晶)。

(6)(毘首羯磨天神)答言：大善！即便化作「三種寶階」，世尊處中，躡「琉璃道」。「索訶世界主」大梵天王，於其右邊，蹈「黃金道」，手執微妙白拂，價直百千兩金，并「色界」諸天而為侍從。「天帝釋」於其「左邊」，蹈「頗胝迦」(sphatika 白珠；水晶)道，手擎百支傘蓋，價直百千兩金而覆世尊，并「欲界」諸天而為侍從。

(7)佛作是念：我但「步去」者，恐外道見議：沙門喬答摩以「神通力」往三十三天，見彼妙色(天宮美色)，心生愛著，「神通」即失，「足步」而還。若以「神通」，(又)徒煩「天匠」(幫我打造了寶階天梯)。我今宜可半以「神通」，半為「足步」，往「瞻部洲」。

(8)爾時世尊(便)循「寶階」下。

《佛說大乘造像功德經・卷上》

(1)爾時毘首羯磨天(Viśvakarman)并諸天眾，知佛將欲下「閻浮提」，作三道「寶階」，從僧伽尸城(Sāṃkāśya，位於中印度恆河流域之古國。乃佛上「忉利天」三月爲母說法後下來人間之處)至「忉利天」，其階中道「瑠璃」所成，兩邊階道悉用「黃金」，足所踐處，布以「白銀」，諸天「七寶」而為間飾……

(2)爾時世尊從「天」初下，足蹈「寶階」。「梵王」在右，手執「白蓋」。「帝釋」在左，手持「白拂」。其餘諸天皆乘「虛空」，隨佛而下，一時同奏「種種音樂」，各自捧持「幢幡、寶蓋」，散花供養。

《清淨道論(第8卷-第13卷)》卷12

(1)世尊言「帝釋天」王曰：大王！明日我往「人界」。

(2)天王令〔天之工師〕毘首羯磨(天神)：汝！明日世尊欲去「人界」。作「黃金」造、「白銀」造、「寶珠」造之三列「階梯」。彼(毘首羯磨天神)如是作。

(3)世尊翌日，立「須彌」之頂，眺望東方世界。

十一、「毘首羯磨」菩薩精於建築用的「繩索、張線法」工具

《本生經(第 26 卷)》卷 26

(1)菩薩思考：在此「場所」，須設「遊戲」之堂，如此等將無煩惱……大士呼喚「木工」
之長，與「一千之幣」，命於此處建「殿堂」。

(2)「木工」云「諾」，受取「一千之幣」。平地面，切木材，圍張粉線，但不適合大士
之意。

(3)大士向「木工」說明「圍線」之作法……彼依毘首羯磨(天神)「張線」之法而作。然後
彼向「木工」云：汝能否如此「張線」？

毘首羯磨天神　　　五明工藝天神

十二、「毘首羯磨」菩薩精於「珠寶、瓔珞」，若欲追求「珍寶」者，天神也都能滿願

《起世經·卷第七》

(1)時「釋天王」欲得「瓔珞」，即念毘守羯磨(Viśvakarman)天子。時彼(毘首羯磨)天子，即便「化」作眾寶「瓔珞」，奉上「天王」。

(2)若三十三天，諸眷屬等，須「瓔珞」者，毘守羯磨(天神)亦皆「化」出而供給之。

《福力太子因緣經·卷第一》

毘首羯磨(Viśvakarman)天子，以天(的)神(通)力，(於)王城(的)內外，(幫忙)除去一切(的)「荊棘、沙礫」，(並)布(置上)以「繒帛」，「珠瓔」莊嚴，豎立微妙眾寶「幢幡」，遍灑清淨「旃檀香水」，周匝安置諸妙「香瓶」，散種種華，乃至一切悅意施設。

《起世因本經》卷7〈三十三天品 8〉

「帝釋天王」欲得「瓔珞」，即念毘守羯磨(Viśvakarman)天子。時彼「天子」即便化作眾寶「瓔珞」，奉上「天王」。若三十三天眷屬等須「瓔珞」者，「毘守羯磨」(天神)皆悉(變)化作(之)，而供給之。

《大王統史》卷31

「帝釋」攜「寶珠」之「座席」，與「黃金」之篋，與「諸天」共到彼處。

長老〔由地中〕出現之處，據置「座席」於毘首羯磨(天神)所建善美之「寶珠假堂」中。

附、供佛的人，除了自己的「心意、虔誠」之外，理應追求「真實的寶物」去供養佛陀，才是最如法圓滿的！

從《藏經》的資料中可得知，「龍」有分「天龍、地龍、天宮龍」，還有一位是「伏藏龍」，就是專門「守護伏藏、寶藏」的龍。

這在《藥師琉璃光王七佛本願功德經念誦儀軌供養法》還被稱作「守護寶藏魔部主」。如下經文截圖：

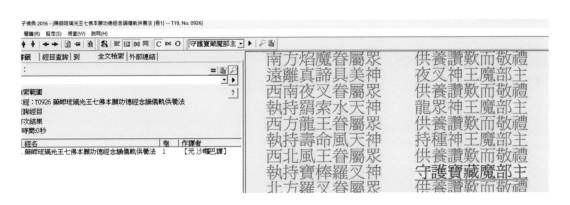

因為如果是「真」的寶藏，都是會有「龍王、護法善神」來守護的。但如果是「假」的寶藏，當然就不會有「護法」來守護了。

舉例：如果材料只是一種「玻璃珠、合成珠子、人造珠」的話，那「龍王」怎可能來「守護」呢？當然一定要是「真」的「夜明珠、琥珀、瑪瑙、真珠、水晶……」才會有「龍王」來守護的。

因為「龍王、護法」是能辨別「真、假」珠寶的護法神啊！

再舉例：如果某個「寶物」只是「一般假木料」的成份，那「龍王」怎可能來「守護」呢？所以當然一定要是「真」的「木料」才會有「龍王」來守護的啊！

再舉例：如果某個「舍利」只是「動物屍骨」的成份，那「龍王」怎可能來「守護」呢？所以當然一定要是「真」的「舍利」（或有修有證的聖人舍利）才會有「龍王」來守護的啊！

還有已證「聖果」的人，也能用「天眼」來辨別「寶藏」的真假。

所以如果您想要用「寶物」來供佛的話，或者要為佛像「裝藏、鑲鑽、裝寶石」的話。那麼請「盡可能的」選用「真正」的「寶物」來供養。

一來可以增加道場的「能量、磁場」。

二來說不定會有「龍王」來護持「真寶」的！

如果「經濟」能力不足，那也不必「勉強」，可以誦持「經咒」的修行回向來作為「供養」三寶即可。

當然，您可能也會說，供佛在於「心意、虔誠」即可，不必理會是不是「真寶、真貨、假貨」的問題。當然這話也是對的！護法善神的確能「了解」您虔誠的「心意」的。

但「龍王」們並不會因此「誤」把「玻璃珠」當作「真龍珠」般去「護持」吧？

也不會把「動物舍利」當作「佛舍利」般的「恭敬供養」吧？

原因是「藏經」中有說，這些能夠「守持真寶」的「護法龍王們」都是有「天眼」的，所以都一定能辨別出「真假貨」的人啊！

所以供佛的人，除了自己的「心意、虔誠」之外，理應追求「真實的寶物」去供養佛陀，才是最圓滿的！

如果要為佛像「裝藏」的話，可放「經本」或「咒文」，或「五大咒文」。如下經文截圖：

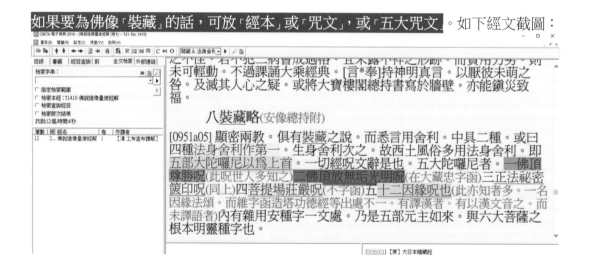

如果想要「供養寶藏」給佛菩薩的話，請看下面的經文説明，護法善神、龍王……等，都有「天眼」的，能辨別出「真、假」寶藏的～

不行卒暴，口氣作[16]憂鉢華香，身作[17]栴檀香。恒侍從[18]聖王左右，不失時節，常以和顏悅色，視王顏貌。如是，比丘！轉輪聖王成就此玉女[19]之寶。」

[0732b25] 是時，比丘白佛言：「轉輪[20]王云何成就居士寶？」

[0732b26] 世尊告曰：「於是，比丘！轉輪聖王出現世時，便有此居士寶出現世間，不長不短，身體紅色，高才智達，無事不[21]閑，又得天眼通。是時，居士來至王所，而白王言：『唯願聖王延壽無窮！若王欲須金、銀、珍寶者，盡當供給。』是時，居士以天眼觀有寶藏者，無寶藏者，皆悉見之，王有所須寶，隨時給施。是時，轉輪聖王欲試彼居士時，便將[*]此居士度水，未至彼岸，便語居士言：『我今欲須金、銀、珍寶，正爾便辦。』長者報曰：『前至岸上當供給。』[22]轉輪聖王言：『我今此間須寶，不須至岸上。』是時，居士即前長跪叉手向水，尋時水中七寶[23]踊出。是時，轉輪聖王語彼長者：『止！止！居士，更不須寶。』

[07280013] 舍＝銓【聖】＊【＊1】
[07280014] 三＝二【聖】

貌具足，令人見之榮觀無厭。又此女寶，熱時身涼，寒時身[7]煖，於其體上出妙香氣，猶若栴檀，口中恒出優鉢羅香。爲輪王故，晚臥早起，勤謹恭敬，凡有所作無失王心，此女意中尙無惡念，況其身口而有過失。以是因緣，轉輪聖王受大歡喜，踊躍無量，心自念言：『此已爲我生女寶耶！』諸比丘！轉輪聖王有如是等女寶具足。

[0318c17] 「諸比丘！何等名爲轉輪聖王主藏臣寶威力具足？諸比丘！轉輪王出世生主藏臣寶，大富饒財多有功德，報得天眼，洞見地中有主無主一切伏藏，皆爲其眼之所鑒識，若水若陸若遠若近，於中所有珍奇寶物，此主藏臣皆爲作護，如法守視不令毀失，無主之物應時收取，擬爲輪王資須受用。爾時，藏臣即自往詣轉輪王所，到已啓言：『大聖天王！若天所須資財寶物，惟願勿憂，臣力能[8]辦，天所用者皆令具足。』時，轉輪王爲欲驗試主藏臣寶，乘船入水中流而住，勅藏臣曰：『汝藏臣來，我須財寶，宜速備具！宜速備具！』藏臣啓言：『惟願大王，假臣須臾，待船至岸，當於水側收取財寶，以供天用。』王告藏

[0316003] 世＋（固本）【宋】【元】【明】
[0316004] 隋天竺三藏闍那崛多等譯＝隋三藏法師達摩笈多等譯【明】＝隋三藏法師達摩笈多譯【宋】【元】
[0316005] （等）－【宋】【元】

寶藏，一切殊妙珍寶具足，所謂金等一切寶物；王有所用，我當授王一切如意無少闕失。』是時輪王見是主藏臣寶出已，心大歡喜，又聞其言金等諸寶一切具足獲大如意。時王即謂彼主藏臣寶言：『汝今有如是色相神通威力，能主地中廣大伏藏，金等諸寶一切具足。觀如是事，甚爲希有最上賢善，汝善主持，我有所欲汝當供給，餘非欲者亦善主持。』諸芯芻！汝等當知，此地伏藏，人所不見非人即見，輪王出時有主藏臣而自出現，爲王守護一切供給，此名輪王出時第四主藏臣寶出現。

[0821c23] 「復次，諸芯芻！輪王出時復有主兵臣寶出現。是時彼臣，有大智略勇猛威德，大力色相一切具足，善御兵眾護王國界不令侵擾。時主兵臣詣於王所，白如是言：『大王當知，我善主兵守護王境，若時非時諸有所作，當如王意無少闕失。』是時彼王見是主兵臣寶出現已，心大歡喜即謂彼言：『汝今有大智略勇猛威德大力色相。若時非時一切能

摩扼(十)鉢頭摩摩扼(十一)莎訶

[0333b12] 佛說此陀羅尼已。即時龍宮六種動搖。雨如意寶珠。譬如春雨盛而降下。

[0333b14] 爾時大眾皆得證果。善女龍王女發大菩提心亦發誓言。願我守護如來遺教遺身所在亦佛所說人中能作如意寶珠王所在國土。如守己命加護己服。即增寶威令得悉地莫令乏少。但請我身令護寶珠。掘一寶池。即殖蓮華不見人畜。唯入阿闍梨及以侍者。莫入餘人。我住其中守護寶珠。護持正法。

[0333b21] 佛言善哉善哉。善神水天大龍王女。如汝所願。

[0697c14] 王復問那先。何等為精進者。那先言。助營足致[18]精進。那先言。譬若垣牆。欲[19]倒從傍柱之。舍欲傾壞亦復柱之。那先言。譬若國王遣兵有所攻擊。兵少弱欲不如。王復遣兵往助之便得勝。人有諸惡如兵弱。人持善心消惡心。譬如國王增兵得勝。人持五戒譬如戰鬥得勝。是為精進助善如是。那先說經言。精進所助致人善道。所致善者無有[20]逮斯。王言。善哉善哉。

[0697c23] 王復問那先。何等為意當念諸善事。那先言。譬若取香華。以縷合連[21]擽風不能吹散。那先復言。譬王守藏者。知中金銀珠玉琉璃珍寶有幾所。那先言。道人欲得道時。念三十七品經。佛道意念當如是[22]正。所[23]謂脫人道人有意。因知善惡知當所行。別知白黑思惟。以後便棄惡就善。那先言。譬如王有守門者。知王有所敬者。有所不敬者。知有[1]不利王者。[2]所[3]敬利王者便內之。王所不敬者。不利王者。即不內。[4]人持意若是。諸善者當內之。諸不善者不內。[5]意制人善惡如是。那先說經言。人當自堅守其意。及身六愛欲持意甚堅。自當有度世時。王言。善哉善

[0694001] 此經與宋元明三本大異今以宋元宮本對校明本別附卷末。那先～Nāgasena。
[0694002] [失譯人名附東晉錄]八字一[聖]

藏經內容中有說：

守護「金」的龍，龍名「倪蚩 鏈」。

守護「銀」的龍，龍名「幡頭」。

守護「珍寶」的龍，龍名「賓竭」，或叫「伏藏龍」。

（如果都是「假珍寶」的話，當然也不會有龍王來「守護」的啦！）

能輔政於主故云宰官。郡縣亦稱為宰[21]官。宰政民下也。婆羅門者。稱為淨行。劫初種族[22]山野自閑人以稱之也。一一身皆有四句本觀。次列四眾釋如舊。次婦女者。不明小王婦女者。王家禁固不得遊散。化物為難故不作。若如妙音即云於王後宮變為女像[23]也。童男女者。取妙莊[24]嚴二子釋之。華嚴童子[25]算砂嬉戲也。七明八部者。上列大威德天。今更舉二十八天等。或可星宿[26]掌人間者也。龍有四種。一守天宮殿持令不落人間。屋上作龍[27]像之[*]爾。二與雲致雨益人間者。三地龍決江開瀆。四伏藏守轉輪王大福人藏。肇師但出三不出天龍。夜叉此云捷疾。此有三處。海島空中天上。傳傳相持不得食人。佛初成道及說法傳唱至天。乾闥婆此

電子佛典 2016 - [三藏法數] [卷25, No. 0117]

閱讀(R) 設定(S) 境(W) 說明(H)

書籤 經目查詢 到 全文檢索 外部連結

龍有四種 & 守天

檢索範圍
本經: B0117 三藏法數
查詢經目
前次結果
佪時間:1秒

冊 經名　　　卷　作譯者
... 大明三藏法數(第... 25　【明一如等編集】
... 三藏法數　　　25　【一如等編 丁福保重校】

[0474b15] 一乾闥婆。梵語乾闥婆。華言香陰。謂不噉酒肉。唯香資陰。是帝釋天樂神也。（陰即身也。帝釋。梵語釋提桓因。華言能天主。言帝釋者。華梵雙舉也。）二毘舍闍。梵語毘舍闍。華言噉精氣。謂其噉人精氣及五穀之精氣也。（五穀者禾麻黍菽麥也。）三鳩槃茶。梵語鳩槃茶。華言甕形。以其陰似甕故。即厭魅鬼也四薜荔多。梵語薜荔多。華言餓鬼。以其長劫不聞漿水之名故也（劫。梵語具云劫波。華言分別時節。）五諸龍眾。諸龍眾者。謂龍有四種。一守天宮殿。持令不落。二興雲致雨。利益人間。三地龍。決江開瀆。四伏藏龍。守轉輪王大福人寶藏也。六富單那。梵語富單那。華言臭餓鬼。是主熱病鬼也。七夜叉。梵語夜叉。華言勇健。有三種。一地夜叉。二虛空夜叉。三天夜叉也。八羅剎。梵語羅剎。華言速疾鬼。又云可畏。以其暴惡可畏故也。

八熱地獄　（出翻譯名論）

電子佛典 2016 - [佛說彌勒來時經] [卷1, T14, No. 0457]

(S) 閱讀(R) 設定(S) 境(W) 說明(H)

書籤 經目查詢
全文檢索 外部連結

城有四寶 & 金有

檢索範圍
本經: T0457 佛說彌勒來時經
查詢經目
前次結果
佪時間:1秒

冊 經名　　　卷　作譯者
1... 佛說彌勒來時經　　　【失譯】

[0434b27] 「當是時，人民少貪婬、瞋恚、愚癡者，人民眾多，聚落家居，雞鳴展轉相聞，人民皆壽八萬四千歲，女人五百歲乃行嫁，人民無病痛者。[17]盡天下人有三病：一者、意欲有所得；二者、飢渴；三者、年老。人民面目皆桃花色，人民皆敬重。

[0434c03] 「有城名雞頭末，雞頭末城者當王國治，城周匝四百八十里，以[18]土築城，復以板著城，復以金、銀、琉璃、水精、珍寶著城。四面各十二門，門皆刻鏤，復以金、銀、琉璃、水精、珍寶著之。國王名僧羅，四海內皆屬僧羅，行即飛行，所可行處，人民鬼神皆傾側。

[0434c09] 「城有四寶：一者、金，有龍守之，龍名倪蟄鎈，主護金，龍所[19]居山地名犍陀；二者、銀，其國中復有守龍名[20]幡頭；三者、明月珠，所生地處名須漸，守珍龍名賓竭；四者、琉璃，所生城名氾羅那؟؟。

[0434c13] 「有一婆羅門名須凡，當為彌勒作父。彌勒母名摩訶越題，彌勒當為作子。彌勒者種當作婆羅門，身有三十二相、八十種好，身長十六丈。彌勒

[0434014]（人名附東晉錄）－【宋】【宮】，＝師名開元錄附東晉第四出【元】，＝開元錄

子佛典 2016 - [楞嚴經指掌疏事義] [卷1, X16, No. 0309]

閱讀(R) 設定(S) 境(W) 說明(H)

書籤 經目查詢 到 全文檢索 外部連結

伏藏龍守護伏藏

檢索範圍
本經: X0309 楞嚴經指掌事義
查詢經目
行結果
行時間:2秒

冊 經名　　　卷　作譯者
... 楞嚴經指掌事義　　　【清通理述】

鵬飛萬里培風於未徙之先

[0350c11] 齊諧言曰。鵬之徙於南溟也。水擊三千里。搏扶搖而上者九萬里。去以六月息者也。乃至風之積也不厚。則其負大翼也無力。故九萬里則風斯在下矣。而後乃今培風。背負青天而莫之夭閼者。而後乃今將圖南。註云。必有此大風培送。方敢遠謀圖南之舉。風小則不敢輕舉也。見莊子逍遙遊。

龍驟千江奮力在將行之際

[0350c18] 名義集云。那伽秦言龍。鱗蟲之長。能幽能明。能大能小。春分登天。秋分入地。別行有四種。一天龍。與雲致雨。二地龍。決江開瀆。三天宮龍。守天宮殿。四伏藏龍。守護伏藏。今疏云龍驟千江。似是地龍。然欲馳驟千江。必先奮迅其力。而乃得行。若不奮力。則不能也。

小結：

如果是賣「珠寶店」的商家，裡面會有「龍天護法」來護持這些「珠寶」嗎？
答案是：這當然是不一定的！

如果「黃金、鑽石」掉在「糞坑」中，會有「龍天護法」來護持嗎？

如果「黃金、鑽石」是鑲在「佛像」中，原則上，會有「龍天護法」來護持的。

所以不是只要「黃金、鑽石」就可以，這裡面還要加上「人的修持、磁場、正能量、正念、正法」的力量才行。

明·蕅益 智旭述《占察善惡業報經義疏》云：
邪人行正法，正法亦成邪。

明·丹霞 法孫今釋、重編《宗寶道獨禪師語錄》云：
邪人行正法，正法悉皆邪。
正人行邪法，邪法悉皆正。

我們可以改變一下文字內容。

邪人持真寶，真寶悉皆邪。

正人行假寶，假寶悉皆正。

所以看事情還是要再加上「人心、人的念頭」才能決定一切，而不是只看「道場、佛像」放一堆「黃金、鑽石」就一定會有「正能量」的，就一定會「感召」龍天護法來護持的，結果這個「道場」裡面的人都在「破戒、名利、鬥爭」，那裝再多的「珠寶、鑽石」也不會有「龍天」來護持的。

相對的，如果那個「道場、佛像」沒有任何的「黃金、鑽石、珠寶」，但人人都在「用功修道、正精進、正思惟、持戒、正能量」，那當然一定會是會有「龍天護法」來護持的啊！

十三、「毘首羯磨」菩薩精於「汽車工藝設計」的交通工具

《佛説守護大千國土經·卷上》

(1)時會大眾頂禮佛足,各各瞻仰金色之身。是時復有毘首劫摩(Viśvakarman)天子,為四天王造「四大寶車」,一一皆以「七寶」所成,謂「金銀、瑠璃、真珠、瑪瑙」及「玻胝、迦珊瑚」等寶,種種間錯,而嚴飾之。

(2)「護世四王」(皆)坐其寶車,以天(神的)「威力」,(寶車)悉變(成)「金色」,(然後)「乘空」而行至步多國,(有種種)「香花」寶物,遍覆其地,而為供養。

《佛本行集經·卷第八》

時淨飯王(佛陀的父親),生是心已,是時工巧毘首羯磨(Viśvakarman),即時「化」作七寶「輦輿」(指用人力所拉之車),自然而成,不由人作,端嚴微妙,殊特少雙(獨立的特殊款式交通工具)。

《賢愚經》卷6〈月光王頭施品 30〉

時「天帝釋」,勅(令)毘首羯磨(Viśvakarman),合集「眾寶」,(打造種種)莊嚴(的)「高車」,(然後)安舍利弗在「高車」上(坐著)。

《大吉義神咒經·卷第四》

若園苑、若宮殿,若大池、若河邊,若有飲食、若乘騎(交通工具)。衣服、華鬘,諸香等物,皆毘首羯摩天(Viśvakarman)之所化作。

《清淨道論(第 8 卷-第 13 卷)》卷 12

(1)「世尊」受小善賢女招待,(世尊佛陀即)乘〔工神〕毘首羯磨(天神)之化作(有)「五百高樓」(的一種飛車),(然後)飛行距離舍衛城(有)「七百由旬」之婆雞帝城時。(連佛陀都曾經搭乘「天神」所打造的「天車、飛車」啊)

(2)(世尊)決意令婆雞帝城之「住民」(能得)見舍衛城之住民,又(亦讓)舍衛城之「住民」(能得)見婆雞帝城之住民。

十四、「毘首羯磨」菩薩精於「服裝衣物、裁縫修剪、理髮美容設計」

《大吉義神咒經・卷第四》

若園苑、若宮殿，若大池、若河邊，若有飲食、若乘騎。衣服、華鬘，諸香等物，皆(是)毘首羯摩天(Viśvakarman)之所化作。

《本生經(第 1 卷-第 2 卷)》卷 1

最後之莊飾

(1)於其處，(悉達多)菩薩為日中遊戲……「帝釋」呼毘首羯磨(天神)云：(好)友！毘首羯磨(天神)！悉達太子今日「夜半」，為「大出家」而出門。(毘首羯磨天神汝)今(應)為(悉達多)王子(做)最後之「裝飾」。汝往「苑」中，(然後)以「天人」之(裝)飾，(去)裝飾(悉達多)大士(把悉達多太子裝飾成「天人」的服飾與穿著)。

(2)彼(毘首羯磨天神即)遵「帝釋」之命，以「天人」(之)威力，(從天上到人間)瞬間即往其處，(毘首羯磨天神)化為(悉達多)王子「理髮師」之狀，由「理髮師」之手，取來「卷布」，捲纏(悉達多)菩薩之頭。

(3)(悉達多)菩薩以手觸之(指毘首羯磨天神)，(即)知(其)「非人」，乃(毘首羯磨)「天子」(也)。

(4)(開始)一度「捲纏」(之時)，則須「一千幅」，見來(看起來)，如頭被ㄠ中之「寶玉」(一般)。(再)二度「纏捲」(之時)，又須「一千幅」，「十度」(之纏捲)則須「一萬幅」(的)布(啊)！

(5)(悉達多)菩薩(之)頭(稍)小，如何須此「多布」？實(在是)不可思(議)。其中最大「纏捲」，則如「奢摩蔓草」之花。其他則大如「屈俊巴伽花」。(悉達多)菩薩之頭則如以「蓮花絲」擴散為「貴雅伽花」狀。

《南傳小部經典》卷 1

最後的裝飾

(1)(悉達多)王子遊玩「苑」中一日……這時「帝釋天」坐在座上……於是把毘首羯磨(天神)喚來道：朋友！毘首羯磨(天神)啊！悉達太子，今日「夜半」時分，要「大出家」了，現在正在作王子的最後一次的「裝飾」，(毘首羯磨天神)你可到「遊苑」中去，用「天人的裝飾」替他打扮起來。

(2)毘首羯磨(天神)答應說：是！就以「天人」的威力，(從天上到人間)頃刻間到了「遊苑」，(毘首羯磨天神)「現身」為王子的「理髮匠」，從「理髮匠」的手裏取過「布」來，向菩薩的頭上「卷」。

(3)菩薩用手去一「接觸」，就知道「這不是人，是天子」。

(4)(開始用)布在頭上卷一轉，要「一千塊」，頭在布中看去好像「寶玉」。第二次卷時，

又要「一千塊」，卷了「十次」，共要布「一萬塊」。

(5)切勿以為一個^(悉達多菩薩)「小小的頭」上，「布」要得如此之多。其中最大的布，只可抵得一朵「沙摩華」，其餘的只如一朵「鳩恩婆羅華」。^(悉達多)菩薩的頭好似一朵「花鬘」滿張的「鳩伊耶迦華」。

廚具

毘首羯磨天神

舍利塔

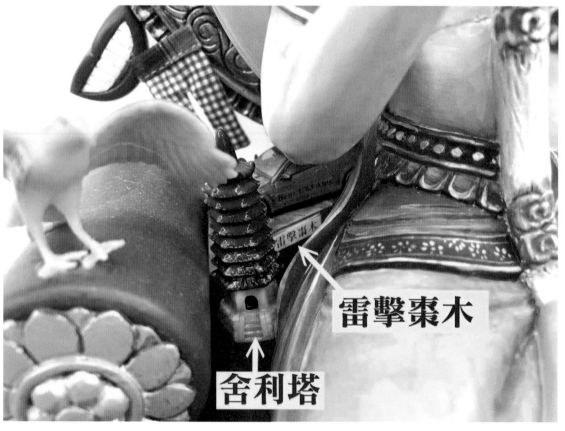

雷擊棗木

舍利塔

十五、「毘首羯磨」菩薩精通各種「美食、廚藝、餐飲」

《大吉義神咒經・卷第四》

若園苑、若宮殿，若大池、若河邊，若有飲食、若乘騎。衣服、華鬘，諸香等物，皆（是）毘首羯摩天（Viśvakarman）之所化作。

《佛說光明童子因緣經》卷4

(1)時婆羅門言：汝但具說憂愁所因，我必為汝善解其事。

(2)時，積財長者具說所因已，彼「帝釋天主」即（收）攝（其所變化的）「婆羅門」相，還復「本身」（本來的天身），謂長者言：我（就）是「帝釋天主」，我今當遣毘首羯磨（Viśvakarman）天子，來助於汝，營辦（營造修辦）勝上（殊勝最上）飲食（來）供佛。作是語已，（天帝釋即）隱復天宮。

(3)（天帝釋）即勑（令）毘首羯磨（Viśvakarman）天子言：汝（可前）往積財長者（之房）舍，（然後）潛助（潛身協助）營辦（營造修辦有關）「供佛」（殊勝最上飲食）之事，不亦善乎！

(4)時彼（毘首羯磨）「天子」（即遵）奉「帝釋」（之）命，潛助（積財）長者，（毘首羯磨天神）乃以「神力」，即變大城，悉令清淨，如天境界；敷設種種上妙「珍寶嚴飾」之具，天諸寶座，「天妙飲食」，皆悉具足……時積財長者，即持種種「上味飲食」，躬自奉上佛及苾芻。

十六、「毘首羯磨」菩薩精通各種「五金工藝」

《根本説一切有部毘奈耶藥事·卷第六》

(1)爾時帝釋，勅「工巧天」(毘首羯磨天神)，汝今可往「大聲王宮」端嚴道場，化作「金幢」，舉高千尋，種種雜寶而為間錯。

(2)時「工巧天」(毘首羯磨天神)既受勅已，即往「大聲王宮」端嚴道場內，化作「金幢」，舉高千等，眾寶莊嚴。

《善見律毘婆沙·卷第三》

(1)大王聞有五勅，心大歡喜，從波咤利弗國，步至「菩提樹」所，多紫磨金。

(2)是時「天帝釋」(之)巧匠，名「毘舍」(毘首羯磨天神)，知王心已，作鍛師(能鍛冶西 金屬的工匠)，立在王邊。

(3)王即喚言：鍛師(毘首羯磨天神所變現)！可取此金，鍛用作盆？

(4)鍛師白王：廣大云何？

(5)王即答言：此是汝業，汝自知之。

(6)鍛師答言：善哉！我今當作。即便取金，以神通兩手徘徊，即成「金盆」，圍遶「九肘」，可高「五肘」，厚「八寸」許，盆口團圓，如「象王鼻」。

(7)於是「阿育王」部伍大眾，千乘萬騎，豎諸幢幡，種種珍寶，華香瓔珞，妓樂莊嚴，廣三由旬長七由旬，出國圍遶而去；又將諸比丘僧，俱到菩提樹所圍遶而住。

《佛説長阿含經·卷第三》

(1)王有「四德」，主四天下。何謂「七寶」？

(2)一、金輪寶。二、白象寶。三、紺馬寶。四、神珠寶。五、玉女寶。六、居士寶。七、主兵寶。

(3)云何「善見大王」成就「金輪寶」？

(4)王常以「十五日」月滿時，沐浴香湯，昇高殿上，「婇女」圍遶，自然「輪寶」忽現在前，輪有「千輻」，光色具足，「天匠」(指由毘首羯磨天神)所造，非世所有，「真金」所成，輪徑「丈四」。

《雜譬喻經》卷1

「轉輪聖王」所以致「金輪」者……「帝釋」聞之，慶其能爾，便勅毘首羯磨(天神)賜其「金輪」。毘首羯磨(天神)即出「金輪」，持付毘沙門天王。

十七、「毘首羯磨」菩薩精工於「各種香料之物」

《大吉義神咒經・卷第四》

若園苑、若宮殿，若大池、若河邊，若有飲食、若乘騎。衣服、華鬘，諸「香」等物，皆(是)毘首羯摩天(Viśvakarman)之所化作。(天神也是「精通」各種沉香、香油、沉木、與香水各種有關的事業)

《福力太子因緣經・卷第一》

毘首羯磨(Viśvakarman)天子，以天(的)神(通)力，(於)王城(的)內外，(幫忙)除去一切(的)「荊棘、沙礫」，(並)布(置上)以「繒帛」，「珠瓔」莊嚴，豎立微妙眾寶「幢幡」，遍灑清淨「旃檀香水」，周匝安置諸妙「香瓶」，散種種華，乃至一切悅意施設。

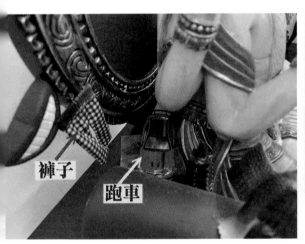

褲子
跑車

餐桌
食物
天梯
講堂
宮殿

十八、「毘首羯磨」菩薩化作「鴿身」。釋迦佛前生為尸毘王，捨身餵「帝釋天」所變的「鷹身」

《眾經撰雜譬喻》卷1

(1)菩薩(所修的)「布施」，(乃)不惜「身命」。如(往)昔(的)尸毘王(Śibi;Śivi;Śivin)，以「身」(佈)施(於)「鴿」，「天帝釋」故往試之，知(此人是否真)有「菩薩志」不？

(2)(天帝)釋(即)語毘首羯磨天(神)：汝作「鴿」身，我當作「鷹」逐汝，汝便佯(裝成恐怖)怖，(飛)入(尸毘)王(的)腋下。

(3)俄(而)毘首(羯磨天神)即自返(轉自)身(而)作「鴿」(身)，(天帝)釋(則)返(轉自)身作「鷹」(身)，(此鷹即)急飛(而追)逐「鴿」，「鴿」(便)直入(尸毘)王(之)腋下，舉身「戰怖」。

(4)是時鷹(即)住樹上，語(尸毘)王言：汝還我「鴿」，此是我(的)食(物)，非是汝有。

(5)(尸毘)王言：我(為)初發意(之菩薩)，欲救一切眾生，欲令度苦。

(6)鷹言：(尸毘)王(乃)度一切(的)眾生，我(乃)是一切「眾生」(之)數(中)，何以獨不見「愍」而奪我(我)食(物)耶？

(7)(尸毘)王答言：汝須何食？

(8)鷹言：我作誓，(只)食新殺(的)血肉。

(9)菩薩言：我作誓，(只要有)一切眾生來歸(附於)我者，(我便)一心「救護」，令(彼)不遭難。汝須何食？當相給與。

(10)鷹言：我所食者，新殺(的)血肉。

(11)(尸毘)王即念言：此亦難得，自非「殺生」，則無由得(此肉)，(可是)云何殺一(生命而給)與(另)一(生命去食用呢)？

(12)(尸毘王)思惟心定，即呼人來：持刀自割「股肉」與鷹(吃)。

(13)鷹語(尸毘)王言：唯(汝)以(身)「肉」與我，當以(同等的)「道理」，令(身)肉(亦)與「鴿」，(以)「輕」(或)「重」(來達到完全)正等(的方式來分肉)，(請您)勿「見欺」也。

(14)(尸毘)王言：持「秤」(磅)來，(即)以(自身)「肉」對「鴿」(而一起秤重)。「鴿」身(竟然)轉(而變)重，(尸毘)王肉(則愈)轉輕。(於是尸毘)王(下)令割「二股肉」盡，亦輕(而)不足，次(再)割「兩臗、兩乳、胸背」，(最終)舉身肉盡，鴿身猶(是更為)重。是時(尸毘)王(只好)「舉身」(舉體全身)欲上(秤盤之後)，乃與(此)鴿(重量相)等。

(15)鷹(此時即)語(尸毘)王言：大王！(我看你)此事難辦(難以辦成)，何用如此？以「鴿」(歸)還(於)我(吧)！

(16)(尸毘)王言：「鴿」來歸(附於)我，終不(再)與汝。我(於)前後喪「身」不少，(我於最)初(即)不為「法」而有(所任何的)愛惜，今欲求佛，(因為全身肉盡，無力再自割身肉，於是)便(更)「扳」(古同「攀」)稱上(舉援「磅秤」而上，「磅秤」之另一端所繫的「金屬盤」是裝所秤物用的)，(此)心(決)定無悔。

(17)諸天龍神一切人民皆共讚言：(此尸毘王竟能)為一「小鴿」，(被老鷹)酸毒乃爾(而喪失身肉)，

是事(為)希有。

(18)(於是大)地為大動，毘首(羯磨天神)讚善：大士(乃)真實不虛，始是一切眾生(之)「福田」。

(19)(天帝)釋及毘首(羯磨天神即)還復(原本的)「天身」，即令(尸毘)王身(之肉)，還復「如」故。(尸毘王之)求道如此，乃可得佛(即後來之釋迦牟尼佛)。

《賢愚經》卷 1〈梵天請法六事品 1〉

(1)毘首羯磨(天神)白「天帝」言：今「閻浮提」有大國王，行菩薩道，名曰尸毘(Śibi;Śivi;Śivin)，志固精進，必成佛道。宜往投歸，必能覆護，解救危厄。

(2)天帝復白：若是「菩薩」，當先試之，為至誠不？汝(毘首羯磨天神)化為「鴿」，(天帝釋)我變作「鷹」，急追汝後，相逐詣彼(尸毘)大王坐所，便求擁護，以此試之，足知真偽……

(3)毘首羯摩(天神)自化為「鴿」，「帝釋」作「鷹」，急追鴿後，臨欲捉食。時鴿惶怖，飛趣大王，入(尸毘)王腋下，歸命於(尸毘)王。

(4)鷹尋後至，立於殿前，語大王言：今此鴿者，是我之食，來在王邊，宜速還我，我飢甚急。

(5)尸毘王言：吾本誓願，當度一切，此來依我，終不與汝……

(6)(尸毘王)即取利刀，自割股肉，持用與鷹，貿(易交換)此鴿命……復割「兩臂、兩脇」，(尸毘王之)「身肉」都盡，故(重量仍然)不(能相)等(於)鴿。

(7)爾時(尸毘)大王，舉身(舉體全身)自起，(整個人)欲上「稱盤」(「盤秤」另一端所繫的「金屬盤」，裝所秤物之用)，(但)氣力不接，失跨(而)墮地，悶無所覺，良久乃穌……

(8)是時天地「六種」震動，諸天「宮殿」皆悉傾搖……菩薩行於難行，傷壞軀體，心期大法，不顧身命，各共啼哭，淚如盛雨，又雨天華而以供養。

(9)爾時「帝釋」還復「本形」，住在(尸毘)王前……天帝復言：汝(尸毘)今「壞身」，乃徹「骨髓」，寧有「悔恨意」耶？

(10)(尸毘)王言：無也。

(11)天帝復曰：雖言「無悔」，誰能知之？我觀(尸毘)汝身，戰掉不停，言氣斷絕，言「無悔恨」，以何為證？(修行人就是要堅持「無怨無悔」才對)

(12)(尸毘)王即立誓：我從始來，乃至於今，無有(任何)「悔恨」大如「毛髮」(之許)，我所「求願」，必當「果獲」。至誠不虛，如我言者，令吾「身體」，即當平復。

(13)作誓已訖，(尸毘王)身便平復，倍勝於前……尸毘王(Śibi;Śivi;Śivin)者，今(釋迦)佛身是也。

《大莊嚴論經》卷 12

(1)毘首羯磨(天神)言：我等今當而往「試看」(此人尸毘王的菩薩心是否真實)，若實「不動」，當(對彼廣)修「供養」。

(2)爾時「帝釋」為欲觀察(此尸毘王修行的)「菩薩心」故，(天帝釋)自化作「鷹」，(即)語毗首羯磨(天神)：汝化作「鴿」。

(3)時毗首羯磨(天神)即化作「鴿」，身如「空青」(天空青色)，眼如「赤珠」，向「帝釋」所……

(4)爾時「化鴿」(即為)為「鷹」所逐，「鴿」現恐怖(相)，於大眾前，(即飛)來入尸毘王(的)腋下，其(鴿身之)色「青綠」，如「蓮花葉」，其光赫奕，如黑雲中「虹」。

《大智度論》卷4〈序品 1〉

(1)說此偈竟，毗首羯磨(天神)即自變身作一「赤眼、赤足」(之)「鴿」；「釋提桓因」(則)自變身作一「鷹」，急飛(而追)逐(此)「鴿」。鴿直來入(尸毘)王(之)掖底，舉身戰怖，動眼促聲……

(2)是時「鷹」在近樹上，(即)語尸毘王(Śibi;Śivi;Śivin)：還與我「鴿」，此我所(之所)受(的食物)！

(3)(尸毘)王時語鷹：我(於)前(已)受此(鴿子)，(此)非是汝(所)受(的食物)；我(於)「初發意」時受此，一切眾生皆欲「度」之。

《大智度論》卷35〈報應品 2〉

(1)爾時毗首羯磨天(神)白釋提桓因言：尸毘王(Śibi;Śivi;Śivin)「苦行」奇特，世所希有！諸智人言：是人不久當得「作佛」！

(2)「釋提桓因」言：是事難辦！何以知之？如「魚子、菴羅樹華、發心菩薩」，是三事，因「時」雖多，「成果」甚少。今當試之！

(3)「帝釋」自化為「鷹」，毗首羯磨(天神)化作「鴿」，「鴿」投於(尸毘)王，(尸毘)王自割「身肉」(餵老鷹)，乃至舉身(舉體全身欲)上「稱」(磅秤)以代「鴿命」，(大)地為(之)震動。

《菩薩本行經》卷3

佛言：我為尸毘王(Śibi;Śivi;Śivin)時，為一(毗首羯磨天神所變現的)「鴿」故，(而自)割其「身肉」，興立誓願，(願)除去一切眾生(之)危嶮。

《師子素馱娑王斷肉經》卷1

(1)過去「阿僧祇」劫，「釋提桓因」處(於)忉利宮，以於過去「食肉」(之)餘習，「變身」為「鷹」，而逐於(毗首羯磨天神所變現的)「鴿」。

(2)(釋迦)我時作王，名曰尸毘，愍念其鴿(被鷹所追逐)，(於是以「磅秤」去)「秤」身「割肉」，代「鴿」(而)償命。

(3)(所謂的)尸毘王者，(釋迦)我身是也。

元魏・菩提留支《入楞伽經》卷8〈遮食肉品 16〉

(1)復次，大慧！(有一位)「自在天王」(即指毘首羯磨天神)化身為「鴿」，釋提桓因是(此「自在天王」之)諸「天主」，(釋提桓因)因於過去(的)「食肉」習氣，(便)化身作「鷹」，驚逐此(由毘首羯磨天神所變現的)鴿(子)，鴿來投(奔於釋迦)我(身上)。

(2)(釋迦)我於爾時(是)作尸毘王(Śibi;Śivi;Śivin)，(我為了)憐愍眾生(都是)更(互)相食噉，(於是我便)稱(指以「磅秤」去秤自)己(的)身肉，與鷹(子為食物)，(來)代(替)鴿(子的生命)，(後來因為我因所)割(的)肉不足(與鴿子的重量相等)，(於是我便以)身(體的所有重量攀)上「秤上」(攀援「磅秤」而上，「磅秤」之另一端所繫的「金屬盤」是裝所秤物用的)，(我身為行菩薩道故)受(此)大苦惱。

(3)大慧！如是無量世來，(眾生皆有)食肉(的)熏習，(於)自身、(於)他身(皆)有如是過(失)，何況無愧(無慚者)、(經)常食肉者？

唐・實叉難陀《大乘入楞伽經》卷6〈斷食肉品8〉

(1)大慧！釋提桓因處(於)「天王位」(時)，以(釋提桓因)於過去(的)「食肉」餘習，(於是)變身為(老)鷹，而(追)逐於(由毘首羯磨天神所變現的)鴿(子)。

(2)(釋迦)我(於爾)時作王，名曰尸毘(Śibi;Śivi;Śivin)，(為了)愍念其鴿(會被老鷹所食)，(故我便)自割「身肉」以代其(鴿子的生)命。

(3)大慧！「帝釋」(宿世的)「餘習」尚(會)惱(亂)眾生，(更何)況(其)餘無慚(無愧者)、常食肉者？當知食肉，(為)自惱、惱他，是故(發心修行的)「菩薩」，不應食肉。

《菩薩本生鬘論》卷1
尸毘王救鴿命緣起第二

(1)佛告諸比丘：我念「往昔」無量阿僧祇劫，(於)閻浮提中有大國王，名曰尸毘(Śibi;Śivi;Śivin)……是時三十三天「帝釋天主」，五衰相貌，(思)慮將「退墮」。

(2)彼(天帝釋)有「近臣」(名曰)毘首(羯磨天神)天子……(毘首羯磨天神)復白「天主」：今閻浮提有尸毘王，志固精進，樂求佛道，當往歸投(歸依投效)，必(能)脫是難。

(3)「天帝」聞已，審為實不？若(尸毘王真)是「菩薩」，今當(來)試(驗)之。

(4)(天帝釋)乃遣毘首(羯磨天神)變為一「鴿」，(天帝釋)我化作「鷹」，(鷹追)逐(鴿子)至(尸毘)王所，求彼救護，(即)可驗其(是否真)誠？……

(5)佛告大眾：往昔之時尸毘王者，豈異人乎？(釋迦)我身是也。

毘首羯磨天神　五明工藝天神

毘首羯磨天神　五明工藝天神

第二、佛頂肉髻與法相篇

一、「佛像」是有一定的「觀像法」准則，而不是只看「佛臉」，其餘的細節全部忽略

凡一切相皆是「虛妄」的！法無定法，相無定相！但《佛說觀佛三昧海經》與《佛說觀無量壽佛經》卻告訴你：

「佛像」其實還是有一定的「觀像法」准則的，而不是只看「佛臉」即可，其餘全部都忽略掉！

《佛說觀佛三昧海經》卷 9 觀像品 9

(1)阿難白佛：世尊！佛「涅槃」後，此等愚人，無依無怙，無歸依處，云何如來說「除罪法」？

(2)佛告阿難：……當勤修習「觀佛三昧」。

(3)阿難白佛言：世尊！如來「在世」，眾生(能)現見(如來)，(要)觀佛相好、(要)觀佛光明，尚不了了(不能清楚明了)，況佛「滅」後，佛不「現在」，當云何「觀」？……

(4)(若)樂(於)「逆觀」者：(則)從(佛)像(之)「足指」(開始觀起)從(佛)像(之)「足指」(開始觀起)，次第(的往上)「仰觀」，初觀「足指」，繫心令專，緣「佛足指」，經一七日，閉目開目，令了了見「金像、足指」。

(5)漸次復觀「兩足趺」(腳面；腳背)上，令了了見；次觀「鹿王蹲腨」(古同「腨」→小腿肚子)，心既專已，次第至(佛的頂)「髻」，從(頂)「髻」(再)觀(佛)「面」。若不(能)明了，復更「懺悔」，倍自「苦策」，以戒淨故，見「佛像面」，如真「金鏡」，(必須)了了分明。

(6)作是觀已，(再)觀(佛)眉間(白)「毫」，如「頗梨」「珠」，「右旋」宛轉，此相現時，見佛「眉眼」，如「天畫師」之所畫作，見是事已，次(再)觀「頂光」(佛頂放光)，令分明了，如是「眾相」，名為「逆觀」。

(7)(若欲作)「順觀像」者：(則)從(佛的)頂上諸「蠡文」(蠡古通「蠡、贏」，即「螺」也)間，(佛頭頂的)一一「蠡文」，(都要)繫心諦觀，令心了了，見佛(之)「蠡文」，猶如「黑絲」(黑髮絲一般)，(蠡文都是)「右旋」宛轉(的相)。

(8)次(再)觀「佛面」，觀「佛面」已，具足觀(佛的全)「身」，(逐)漸(再往)下至(佛)「足」，如是往返，凡(共觀佛像達)「十四遍」，諦觀一「像」，極令了了(分明清楚)，觀一成已，(於)出定、入定，(皆能)恒見「立像」在行者(之)前，見一了了(分明清楚)……

(9)念想成已，閉目叉手，端坐正受，更作「遠想」，滿十方界，見「一切像」，身純「金色」，放大光明……此念想成，名「觀立像」。

(10)佛告阿難：如是觀者，名為「正觀」，若異觀者，名為「邪觀」。餘相現者，別境界出，當疾除之。作是觀者，除卻「六十億劫」生死之罪，亦名「見佛」……麁心「觀像」尚得如是無量功德，況復繫念觀佛「眉間白毫」相光？……

(11)佛告阿難：若有眾生欲「觀像坐」，當如是觀。作是觀者，名為「正觀」，若他觀者

名為「邪觀」。若有眾生「觀像坐」者，除「五百億劫」生死之罪。

《佛說觀無量壽佛經》

(1)<u>觀世音菩薩</u>面如「閻浮檀金色」(jambūnada-suvarṇa 紫金)；眉間毫相，備「七寶色」，流出「八萬四千」種光明……

(2)臂如「紅蓮花色」，有「八十億」微妙光明，以為「瓔珞」；其「瓔珞」中，普現一切「諸莊嚴事」。

(3)(觀世音菩薩)**手掌作**「五百億」雜「**蓮華色**」；手十指端，一一指端有「八萬四千」畫，猶如「印文」(如印跡上所現出的文字)……

(4)(觀世音菩薩)**舉足**(提腳跨步)**時，足下有**「千輻輪相」，自然化成「五百億」光明臺。(觀世音菩薩)**下足時**，有「金剛摩尼花」，布散(流布播散)一切，莫不彌滿。

(5)(觀世音菩薩)**其餘身相，眾好具足，如佛無異，**唯頂上「肉髻」及「無見頂相」，不及(釋迦佛)世尊。是為「觀觀世音菩薩真實色身相」，名第十觀。

(6)佛告阿難：若欲觀觀世音菩薩，當作是觀。(能)作是觀者，(皆)不遇「諸禍」，(能)淨除「業障」，(能)除「無數劫」生死之罪。

(7)如此(觀世音)菩薩，但聞其名(觀世音菩薩之名號)，(即)獲無量福，何況諦觀(審諦觀照)！

(8)若有欲觀觀世音菩薩者，當先觀「頂上肉髻」，次觀「天冠」。其餘眾相，亦次第觀之，悉令明了，如觀掌中。

(9)作是觀者，名為「正觀」。若他觀者，名為「邪觀」。

二、佛陀的「頂髻」是「高顯、周圓、由肉骨成、如天蓋狀」，並不是指「頭髮」

如來頂上的「肉髻相」

(1)「肉髻相」的梵語為uṣṇīṣa-śiraskatā，乃佛陀的「三十二相」之一。如來或菩薩的「頭頂」上都會有「骨肉」隆起，其形狀如「髻」，但卻不是真的「頭髮」，故被稱為「肉髻」，表最「尊貴」之相。菩薩也是有「頂髻」的，只是不及佛陀世尊而已。

(2)uṣṇīṣa音譯有很多的稱呼，如「嗢瑟尼沙、烏瑟膩沙、鬱瑟尼沙、鬱尼沙⋯⋯」等，略稱為「烏沙」，意譯作「髻、頂髻、佛頂」。又作「頂上肉髻相、頂髻相、頂肉髻相、頂肉髻成相、肉髻圓好高勝相、頂肉骨成相、頂髮肉骨成相、頂上肉髻高廣平好相、頂上現烏瑟膩沙相」。

(3)據《寶女所問經・卷四・三十二相品》中云：

如來頂上(的)「肉髻」，(呈現)自然(的)「大人相」者，(此)乃(佛陀於)往古世(累劫勤修)，敬奉「賢聖」、禮(敬)「尊長」故。

也就是佛陀今世的「頂髻相」乃是前世禮敬聖賢、尊敬長輩所獲得的果報

(4)據《佛說觀佛三昧海經・卷一・觀相品中云：

佛告(淨飯)父王：云何名(為)觀「如來頂」？如來(之)頂骨(現)「團圓」(相)，猶如「合蓋」(合住的蓋子)，其色(以)「正白」(為主)，(但)若見(頂髻為)「薄皮」(相)，則(應呈現)為「紅色」，或見(頂髻為)「厚皮」(相)，則(應呈現為)「金剛色」。

所以後人造佛像者，大多在「佛頂」處留下一個稍為凸出、聳高的「無髮骨肉」，然後再塗成「紅色」代表此為佛的「頂髻」處。

《大般若波羅蜜多經(第 401 卷-第 600 卷)》卷 573〈二行品 15〉

如來(頭)頂上(的)「烏瑟膩沙」(uṣṇīṣa 肉髻)，高顯(又高又明顯)、周圓(周遍的寬圓)，猶如「天蓋」(看似天空中有一頂蓋子)，(此)是(如來所具的第)「三十二」(法相)，是名如來三十二相。

經文如下截圖：

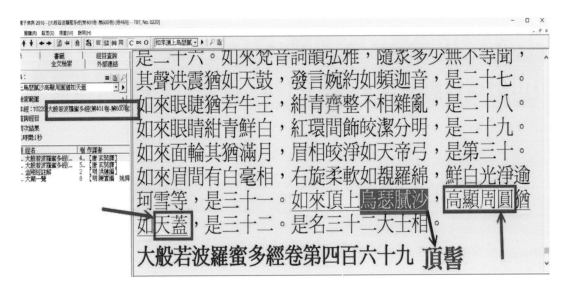

《佛本行集經》卷9〈相師占看品 8〉

三十二者，(佛陀)頂上(的)「肉髻」，高廣(高大寬廣)平好。

經文如下截圖：

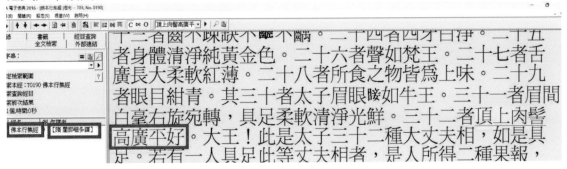

相關演講介紹：

佛陀「頂骨肉髻」與「長髮右旋」解析

https://drive.google.com/file/d/1gzTiMVYNYMm4V5DEUJp8KovFFWtMK4C2/view?usp=share_link

佛陀的「頂髻」不是指「頭髮」，而是由「肉骨、頂骨」所形成的！

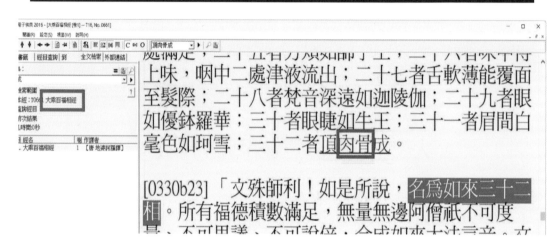

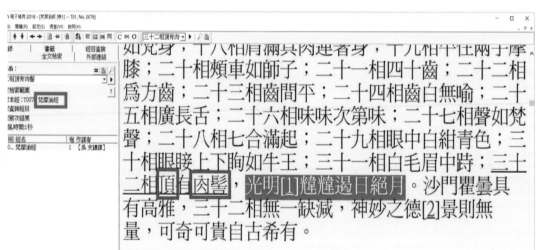

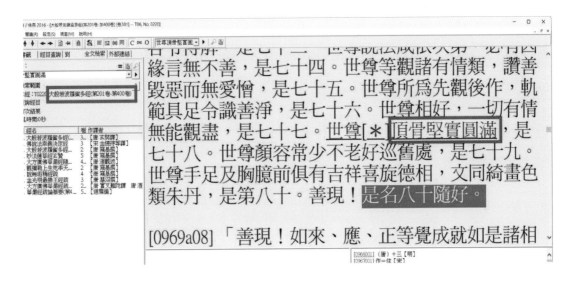

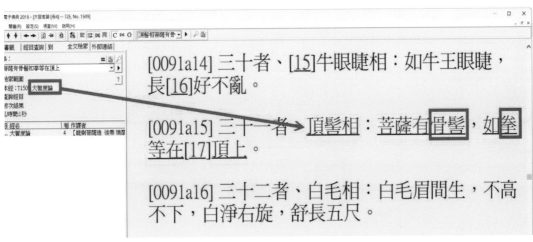

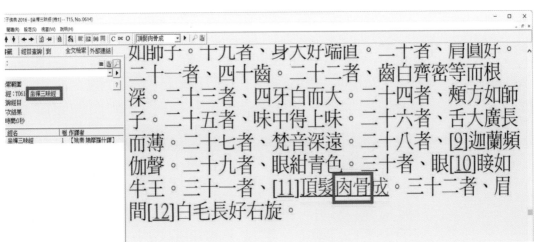

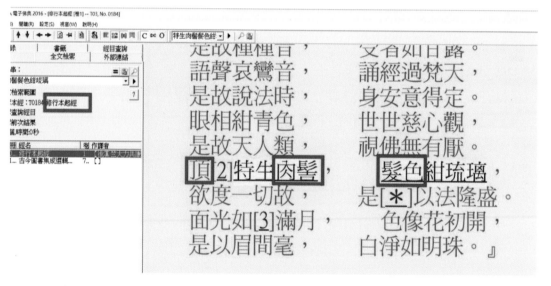

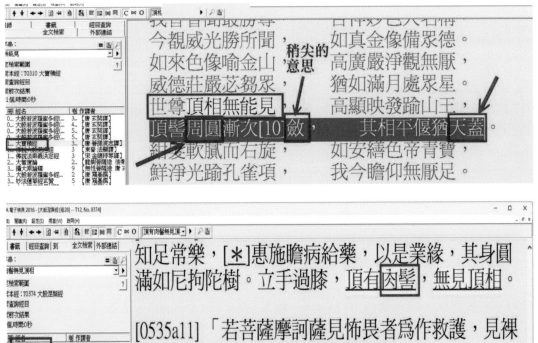

知足常樂，[＊]惠施瞻病給藥，以是業緣，其身圓滿如尼拘陀樹。立手過膝，頂有肉髻，無見頂相。

[0535a11]「若菩薩摩訶薩見怖畏者爲作救護，見裸跣者施與衣服，以是業緣得陰藏相。

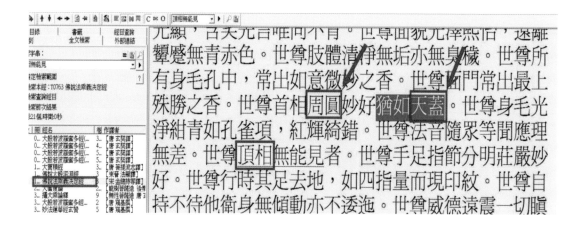

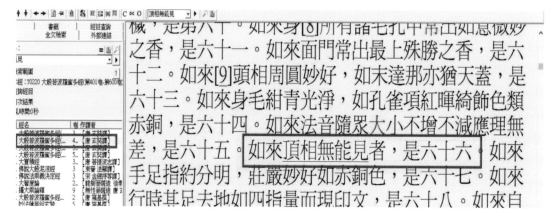

《佛說觀佛三昧海經》卷1〈觀相品 3〉

(1)佛告(淨飯)父王：云何名(為)觀「如來頂」？如來(之)頂骨(現)「團圓」(相)，猶如「合蓋」(合住的蓋子)，其色(以)「正白」(為主)，(但)若見(頂髻為)「薄皮」(相)，則(應呈現)為「紅色」，或見(頂髻為)「厚皮」(相)，則(應呈現為)「金剛色」。

(後人造佛像者，大多在「佛頂」處留下一個稍為凸出、聳高的「無髮骨肉」，然後再塗成「紅色」代表此為佛的「頂髻」處)

(2)(如來的)髮際(則呈現為)「金色」，腦(則為)「頗梨」色。有「十四脈」，眾畫具足，亦(有)「十四光」，其「光」如(如)「脈」，分明了了。

(3)於「腦脈」中，旋生諸「光」，上衝(至)「頭骨」，從「頭骨」出，乃至「髮際」。有「十四色」圍遶(著)「眾髮」，髮下(呈現)「金色」，亦生「眾光」，入「十四色」中。

(4)(以上)是名(為)如來生(在)「王宮」中「頂腦肉髻」(的描敘)。

(5)惟其(如來之)頂上，(具有)「五大梵相」(五大清淨的梵相)生，時摩耶(夫人)及佛姨母(大愛道比丘尼)，皆悉不見(此五大梵相)。

(6)其「五梵相」(能)開現光明，至於「梵世」，復(越)過「上方」無量世界，化成「宮臺」。諸佛(之)境界，(連)「十地」菩薩之所不(能得)見。

(7)今(佛)為(淨飯)「父王」説(如來所)生(的)「頂相」，**若有聞者，應當「思惟」佛**(陀)**「勝頂相」**，其相「光明」，如三千(大千世)界(的)大地「微塵」，不可具説。

(8)後世眾生，若聞是語，(應)思(惟)是(如來之頂)「相」者，心無「悔、恨」，如(親眼得)見世尊(之)「頂勝相光」，(或於)「閉目」得見，以「心想」(之力觀想)力，了了分明，如佛(陀親)在世(般)。

(9)雖觀是(頂)相，(剛開始)不得(馬上觀出)眾多(之相)，(可)從(簡單的)「一事」(開)起；復(再觀)想(另)「一事」；(觀)想「一事」已；(再)復(觀)想「一事」。(經過)「逆、順」(之)反覆(指先從一個法相「事」，「順」著觀想到所有的「法相具足」；再從所有的「法相具足」，「逆」著觀想回「一個法相」事)，經(過)十六反(指透過「逆順反覆」的觀想如來頂相，總數應達十六次為主)。

(10)如是「心想」(心力觀想)，極令「明利」(明了成利)。然後(再)住「心」繫念(於)「一處」，如是(再)漸漸「舉舌」向「腭」，令舌正住(於上腭。此指以「舌拄上顎」的意思)，經「二七日」(14日)，然後身心(便)可(獲)得「安隱」。

(11)復當繫(於一)心，(再)還觀(想)「佛頂」，觀「佛頂」法，(其)「光」隨「毛孔」(而)入。

底下整理較為「標準」的頂上「肉髻」圖片，這些圖片大致都在網路上可搜尋到的：

周圓
似天蓋

上面稍尖→

周圓
似天蓋

全身純黃金

頂髻由「肉骨」而成
所以一定不加頭髮

周圓&高顯
似天蓋
肉骨而成
頂髻
不可加髮
頭髮

圓顯似天蓋
周高

三、佛陀非是「短髮」者，而是「髮長&不亂&右旋&稠密&堅固不斷&不白&青紺色」

如來的髮呈「右旋」狀，如果太短，就很難「右旋」。類似要燙頭髮的人，如果髮太短，就很難燙成「捲髮」狀的

《佛說觀佛三昧海經》卷 1〈觀相品 3〉

佛告(淨飯)父王，及勅阿難：諦聽！諦聽！善思念之！如來今者，「頭」上有「八萬四千」毛，(毛髮)皆兩(兩)向(上而再)靡(倒下)，(毛髮皆以)「右旋」而生。

《大般若波羅蜜多經(第 201 卷-第 400 卷)》卷 381〈諸功德相品 68〉

世尊(之)首髮，脩長(佛陀是長髮型者)、紺青，稠密(佛陀不是「稀疏」髮型)、不白(佛陀是無「白髮」者)，是四十七。

世尊(之)首髮，香潔、細軟，潤澤、(往右)旋轉，是四十八。

世尊(之)首髮，齊整、無亂，亦不「交雜」，是四十九。

世尊(之)首髮，堅固、不斷(裂)，永無襪ⁿ(脫)落，是第五十。

世尊(之)首髮，光滑、殊妙，(所有的)「塵垢」(皆)不(黏)著，是五十一。

經文如下截圖：

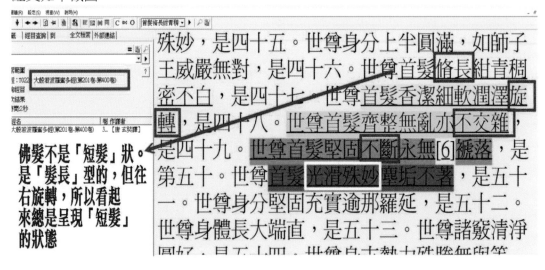

《大般若波羅蜜多經(第 401 卷-第 600 卷)》卷 470〈眾德相品 76〉

如來(之)頭髮，脩長(佛陀是長髮型者)、紺青、稠密(佛陀不是「稀疏」髮型)、不白(佛陀是無「白髮」者)，是四十七。

如來(之)頭髮，香潔、細軟、潤澤、旋轉，是四十八。

如來(之)頭髮，齊整、無亂，亦不「交雜」，是四十九。

如來(之)頭髮，堅固、不斷(裂)，永無襯(脫)落，是第五十。

如來(之)頭髮，光滑、殊妙，(所有的)「塵垢」(皆)不(黏)著，是五十一。

經文如下截圖：

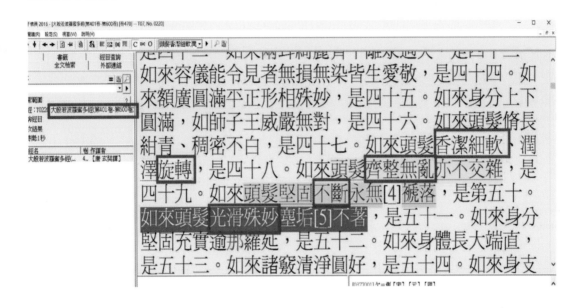

《摩訶般若波羅蜜經》卷24〈四攝品 78〉

七十六者：髮長好(修長殊好)。

七十七者：髮不亂。

七十八者：髮(往右)旋好(旋轉妙好)。

七十九者：髮色如「青珠」(之色)。

八十者：手足有「德相」。

須菩提！是為「八十隨形好」(之)佛身成就。

經文如下截圖：

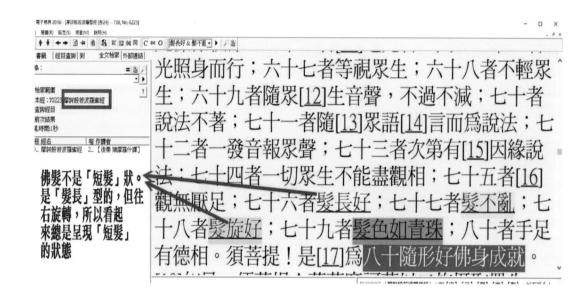

佛髮不是「短髮」狀。是「髮長」型的,但往右旋轉,所以看起來總是呈現「短髮」的狀態

光照身而行;六十七者等視眾生;六十八者不輕眾生;六十九者隨眾[12]生音聲,不過不減;七十者說法不著;七十一者隨[13]眾語[14]言而爲說法;七十二者一發音報眾聲;七十三者次第有[15]因緣說法;七十四者一切眾生不能盡觀相;七十五者[16]觀無厭足;七十六者髮長好;七十七者髮不亂;七十八者髮旋好;七十九者髮色如青珠;八十者手足有德相。須菩提!是[17]爲八十隨形好佛身成就。

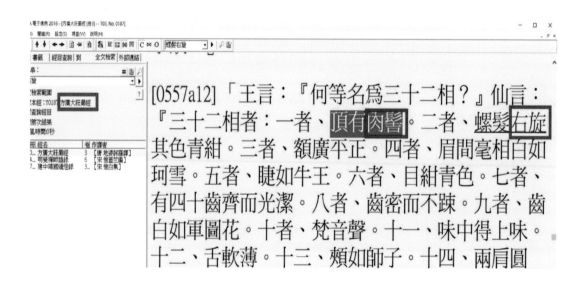

[0557a12]「王言:『何等名爲三十二相?』仙言:『三十二相者:一者、頂有肉髻。二者、螺髮右旋其色青紺。三者、額廣平正。四者、眉間毫相白如珂雪。五者、睫如牛王。六者、目紺青色。七者、有四十齒齊而光潔。八者、齒密而不踈。九者、齒白如軍圖花。十者、梵音聲。十一、味中得上味。十二、舌軟薄。十三、頰如師子。十四、兩肩圓

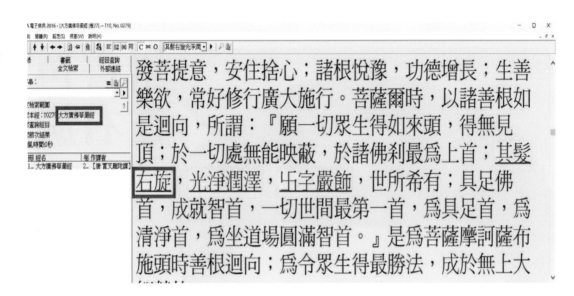

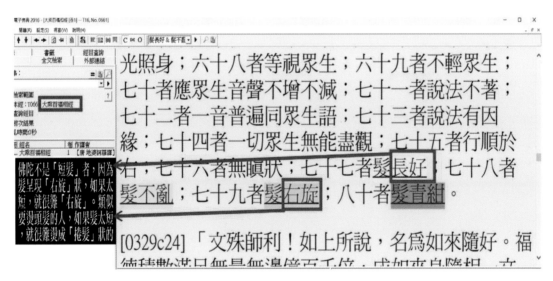

紺青色
往右旋

四、佛陀法相絕不能有「耳鐺&指環&頸瓔&臂釧&腳釧&瓔珞」

《十誦律》卷 37

(1)六群比丘，以「臂釧ᵇⁱ」自莊嚴，佛言：不應畜「臂釧」自莊嚴。(若有)畜者，(犯)「突吉羅」(duṣkṛta 惡作、惡語等諸輕罪)！

(2)六群比丘，著「指環」，如王、如大臣。佛言：不應著「指環」。(若有)著者，(犯)「突吉羅」(duṣkṛta 惡作、惡語等諸輕罪)！

(3)六群比丘，著「瓔珞」，佛言：比丘不應著「瓔珞」。(若有)著者，(犯)「突吉羅」(duṣkṛta 惡作、惡語等諸輕罪)！

(4)六群比丘，著「縷臂釧」，佛言：比丘不應著「縷臂釧」。(若有)著者，(犯)「突吉羅」(duṣkṛta 惡作、惡語等諸輕罪)！

(5)六群比丘，以「金、銀、鎖、鑷ᵇⁱ」穿耳，佛言：不得以「鎖、鑷」穿耳。(若有)穿耳者，(犯)「突吉羅」(duṣkṛta 惡作、惡語等諸輕罪)！

經文如下截圖：

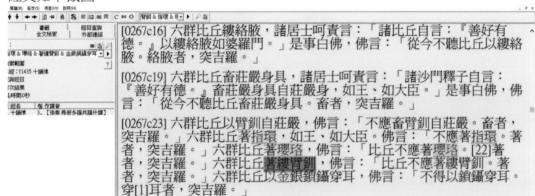

《四分律》卷 51

(1)時六群比丘，著「耳鐺」。佛言：不應爾！

(2)時六群比丘，(於)「耳輪」上著「珠」，佛言：不應爾！

(3)六群比丘著「耳環」，佛言：不應爾！

(4)六群比丘以「多羅」葉、若「鉛錫」作「環」，張「耳」孔，令大，佛言：不應爾！

(5)彼六群比丘，纏裹「耳埵」，佛言：不應爾！

(6)彼作「鉛錫腰帶」，佛言：不應爾！

(7)彼著「頸瓔」，佛言：不應爾！

(8)彼著臂(或)腳(之)釧ᵇⁱ，佛言：不應爾！

(9)彼著「指環」，佛言：不應爾！

經文如下截圖：

經：T1428 四分律		
調經目		
次結果		
時間0秒		

經名	刪	作譯者
四分律	S...	【姚秦 佛陀耶舍共竺佛念等譯】

乃至患汗臭。」

[0946b03] 時[10]六群比丘著耳[11]鐺佛言：「不應爾。」時六群比丘耳輪上著珠，佛言：「不應爾。」六群比丘著耳環，佛言：「不應爾。」六群比丘以多羅葉、若鉛錫作環張耳孔令大，佛言：「不應爾。」彼六群比丘縄裏耳[12]埵，佛言：「不應爾。」彼作鉛錫腰帶，佛言：「不應爾。」彼著頸[13]瓔，佛言：「不應爾。」彼著臂脚珊，佛言：「不應爾。」彼著指環，佛言：「不應爾。」彼用五色綖絡[14]腋繫腰臂，佛言：「不應爾。」彼著指印，佛言：「不應爾。」

下面這張「佛陀」畫像是「不如法」的造型：

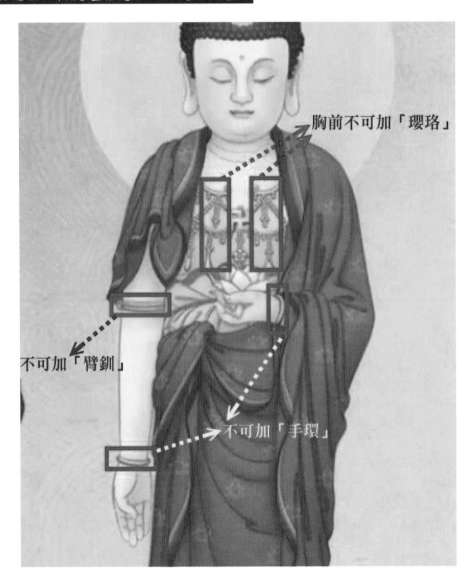

胸前不可加「瓔珞」

不可加「臂釧」

不可加「手環」

底下整理較為「標準」的「法相」圖片，這些圖片大致都在網路上可搜尋到的：

第三、觀音菩薩頂上「立佛」篇

一、《悲華經》中的觀世音菩薩與大勢至菩薩故事

在《悲華經》中，佛陀詳述恒沙「阿僧祇」劫的前生故事，如說過去有世界名<u>刪提嵐</u>（Saṇḍilya），於善持劫中，有佛陀號曰<u>寶藏如來</u>，有轉輪聖王名為<u>無諍念</u>，有大臣名為<u>寶海</u>，又稱作寶海梵志。

當時的<u>無諍念</u>轉輪聖王及「千子」與諸小王等，皆悉供養寶藏如來，但仍未發「阿耨菩提」的「成佛大心」。後來寶海想知道<u>無諍念</u>轉輪聖王「所願」何等？唯願諸「龍、夜叉、佛、聲聞、梵王」等，能為我「示現夢境」。於是寶海梵志便在夢中見<u>無諍念</u>王受「畜生」諸事，醒後得知<u>無諍念</u>王所願「卑下」，竟愛樂「生死」，貪著「世樂」。

寶海便以此「異夢」去問寶藏佛，後來寶海就勸彼諸人皆發無上的「成佛大心」，誓願成佛，然後各取「清淨莊嚴國土」去攝護眾生。

無諍念聖王所發之「莊嚴清淨佛土」約有 40 願。寶藏如來授<u>無諍念</u>轉輪王「阿耨多羅三藐三菩」記，將來成佛，即現在西方<u>極樂</u>世界中的<u>無量壽佛</u>，世界名<u>安樂</u>(極樂世界)。

寶藏如來授<u>無諍念</u>轉輪聖王的
　　第一王子<u>不眴</u>，即將來要接掌<u>極樂</u>世界的<u>觀世音</u>菩薩。
　　第二王子<u>尼摩</u>，即將來要接掌<u>極樂</u>世界(在觀世音菩薩之後)的<u>大勢至</u>菩薩。
　　第三王子<u>王眾</u>，即<u>文殊</u>菩薩。
　　第四王子<u>能伽奴</u>，即<u>普賢佛</u>(無諍念王之第八王子泯圖，亦號為普賢同名)。
　　第五王子<u>無所畏</u>，即今已成無上正等正覺的<u>蓮華尊佛</u>。
　　第六王子<u>虛空</u>，即<u>法自在豐王佛</u>。
　　第七王子<u>善臂</u>，即<u>光明無垢堅香豐王佛</u>。
　　第八王子<u>泯圖</u>，即<u>普賢</u>菩薩。

寶藏佛為無諍念王之第一王子<u>不眴</u>授記：將來成佛為<u>遍出功德光明佛</u>。在<u>無量壽佛</u>「般涅槃」後，世界轉名為<u>一切珍寶所成就世界</u>，住持極樂世界，因此<u>不眴</u>亦號為<u>觀世音</u>

北涼·曇無讖 譯 《悲華經·卷三》	秦·譯者佚 名 《大乘悲分陀利經》
⑤善男子！爾時，寶藏佛尋為(不眴太子)「授記」：善男子！(不眴)汝(已)觀「天人」及	⑤善男子！寶藏如來即(為不眴太子)「授其記」：如(不眴)汝善男子！已觀「惡趣」；

「三惡道」一切眾生(的受苦處)，(故能)生「大悲心」，欲斷眾生諸「苦惱」故，欲斷眾生「諸煩惱」故，欲令眾生「住安樂」故。

㈡善男子！今當字汝(不眴)為觀世音。善男子！(不眴)汝行菩薩道時，已有百千無量億「那由他」眾生得離「苦惱」，(不眴)汝(往昔)為「菩薩」時，已能大作「佛事」。

㈢善男子！(在)無量壽佛「般涅槃」已，「第二恒河沙」等「阿僧祇」劫「後分」，「初夜分」中，「正法」滅盡，「夜後分」中，彼土轉名一切珍寶所成就世界，所有種種莊嚴，無量無邊，(一切珍寶所成就世界是)安樂世界(極樂世界)所不及也。

㈣善男子！(不眴)汝於「後夜」種種莊嚴，在「菩提樹」下坐「金剛座」，於「一念」中間成「阿耨多羅三藐三菩提」，號遍出一切光明功德山王如來‧應供‧正遍知‧明行足‧善逝‧世間解‧無上士‧調御丈夫‧天人師‧佛‧世尊，其(遍出一切光明功德山王)佛壽命，九十六億「那由他」百千劫，(待佛)「般涅槃」已，「正法」(仍)住世「六十三億劫」。

㈤爾時，觀世音(即原來之不眴太子)前白(寶藏)佛言：若我所願，(能)得成就者，我今頭面敬禮(寶藏)佛時，當令十方如恒河沙等諸世界中「現在諸佛」，亦復各各為我「授記」，亦令十方如恒河沙等世界，大地及諸山河，六種震動，(並)出種種音樂，一切眾生，心得「離欲」。

又觀「天上」，觀眾生(之)苦，(故已)能生「悲心」，為脫一切「眾生苦」故，除「結使」(煩惱)故，令得樂故。

㈡是故，汝善男子！字汝(不眴)為觀世音。汝觀世音，當度脫多億「那由他」百千眾生苦。汝善男子！(不眴往昔)為菩薩時，(已)當(廣)作佛事。

㈢(在)阿彌陀如來「般涅槃」後，(在過)「二恒河沙」阿僧祇之餘，「初夜阿彌陀如來「正法」滅已，即於「後夜」(此時)安樂世界(極樂世界)，當名(為)一切寶集(世界)，彼土莊嚴無量阿僧祇，(亦)勝於安樂(極樂世界)。

㈣即於後夜，汝(不眴)善男子，(於)無量寶莊嚴「菩提樹」下，坐「金剛座」，逮「阿耨多羅三藐三菩提」，名光明普至尊積德王如來‧應供‧正遍知，壽九十六億「那由他」百千劫。汝(光明普至尊積德王如來)「般涅槃」後，「正法」(仍)住世「六十二億劫」。

㈤觀世音(即原來之不眴太子)言：(寶藏)世尊！若我如是「意滿」(意願圓滿)，我禮(寶藏)世尊足時，於十方恒沙數世界中，現在住世諸佛世尊皆「授我記」，恒河沙數世界，地皆震動，一切「山川、石壁、樹木、叢林」，出「五樂音」，一切眾生，心得「離欲」。

（陸）善男子！
❶爾時，觀世音菩薩（即原來之不眴）尋禮寶藏如來，頭面著地。
❷爾時，十方如恒河沙等世界，六種震動。
❸一切山林，悉出種種無量「音樂」，眾生聞已，即得「離欲」。

（柒）其中諸佛皆與（無諍念王之第一太子不眴）「授記」作如是言：
①散提嵐（Saṇḍilya）界善持劫中，（於）人壽八萬歲，時有佛出世，號曰寶藏，有轉輪聖王名無量淨，主四天下。
②其王太子（無諍念王之第一太子不眴）名觀世音，（往昔曾經）「三月」供養寶藏如來，及比丘僧，以是善根故，於「第二恒河沙」等「阿僧祇」劫「後分」之中，當得作佛，號遍出一切光明功德山王如來，世界名曰一切珍寶所成就也。

（捌）爾時，寶藏如來為觀世音（即原來之不眴）而說偈言：
「大悲」功德，今應還起，
地六種動，及諸佛界。
十方諸佛，已授汝（不眴）記，
當成為佛，故應歡喜。

（玖）善男子！爾時，太子觀世音（即原來之不眴）聞是（寶藏佛之）偈已，心生歡喜，即起合掌，前禮（寶藏）佛足，去（寶藏）佛不遠，復坐聽法。

（陸）
❶觀世音菩薩（即原來之不眴）適「五體」禮寶藏如來。
❷如是恒河沙數佛土，地皆震動。

（柒）彼諸佛如來皆（為無諍念王之第一太子不眴）「授其記」，略說。

（陸）
❸一切「山川、石壁、樹木、叢林」，出「五樂音」，一切眾生，心得「離欲」。

（捌）（寶藏）佛言：
起悲福德歡喜音，十方諸佛授汝（不眴）記；
地及世界六種動，汝當作佛度世仙。

無諍念王之第二王子尼摩於遍出功德光明佛(即由觀世音住持之極樂世界)涅槃後，成佛為善住珍寶山王佛，住持極樂世界，因此尼摩亦號為大勢至

北涼・曇無讖 譯《悲華經》	秦・譯者佚 名《大乘悲分陀利經》
⚀善男子！爾時，寶海梵志，復白(無諍念王之)第二王子尼摩(即是後來的大勢至)言：善男子！汝今所作「福德清淨」之業，為一切眾生得「一切智」故，應迴向「阿耨多羅三藐三菩提」。	⚀善男子！爾時海濟(寶海)婆羅門國大師(國王之婆羅門大師)，語(無諍念王之)第二王子尼摸(即是後來的大勢至)言：善男子！於此大施，應當「隨喜」；又汝所作「善業」，為一切眾生故，發「阿耨多羅三藐三菩提」心，迴向「薩婆若」(一切種智)。
⚁善男子！爾時，(尼摩)王子在(寶藏)佛前坐，叉手白(寶藏)佛言： ❶(寶藏)世尊！如我(尼摩往昔曾經)先於「三月」之中，供養(寶藏)如來，及比丘僧，幷我所有「身、口、意」業，清淨之行，如此「福德」，我今盡以迴向「阿耨多羅三藐三菩提」，不願(於)「不淨穢惡」世界(中成佛)。 ❷令(尼摩)我(之)國土及「菩提樹」，(皆亦)如觀世音所有世界種種「莊嚴」寶「菩提樹」，及成「阿耨多羅三藐三菩提」。	⚁善男子！爾時尼摸王子，即於(寶藏)佛前作是言： ❶我以一切所須(之物)，供養世尊幷無數比丘僧，又以是「隨喜」(之)「福業」，又先「身、口、意」善業，一切迴向「阿耨多羅三藐三菩提」，然終不於此「穢濁佛土」證於「菩提」。 ❷觀世童子所可(所以可於)一切寶集世界，(於)無量寶莊嚴「菩提樹」下坐，成「阿耨多羅三藐三菩提」，名光明普至尊積德王。
⚂ ①復願遍出功德光明佛(即由觀世音住持之極樂世界時的佛名號)始初成道(時)，我(尼摩)當「先請」(遍出功德光明佛)轉於法輪，隨其說法，所經時節，(我)於其中間，(廣)行「菩薩」道。 ②(待)是(遍出功德光明)佛涅槃後，「正法」滅已，我(尼摩)於其後，次第成於「阿耨多	⚂ ①我先請(光明普至尊積德王如來)說法，隨彼(光明普至尊積德王)如來幾時「住世」演法，以爾所時，(尼摩)我(皆廣)行「菩薩行」。 ②(待)彼(光明普至尊積德王)如來滅後，(待)「正法」滅已，(尼摩)我次當成「阿耨多羅三

羅三藐三菩提」。我（尼摩）成佛時，所作佛事，世界所有種種莊嚴（皆如是）。

③（待尼摩我）「般涅槃」後，「正法」（仍）住世，如是等事，悉如彼（遍出功德光明）佛，等無有異。

㈣
❶爾時，（寶藏）佛告第二王子（尼摩）：善男子！汝今所願「最大世界」，汝於來世當得如是「大世界」處，如汝所願。
❷善男子！（尼摩）汝於來世，當於如是「最大世界」成「阿耨多羅三藐三菩提」，號曰善住珍寶山王如來・應供・正遍知・明行足・善逝・世間解・無上士・調御丈夫・天人師・佛・世尊。
❸善男子！由汝（尼摩）願取「大世界」故，因字汝（尼摩）為得大勢。

㈤爾時，得大勢（原爲無諍念王之第二王子尼摩）前白（寶藏）佛言：世尊！若我所願成就，得己利（獲得諸善法成就爲「己利」）者，我今敬禮於（寶藏）佛，當令十方如恒河沙等諸佛世界，六種震動，雨「須曼那華」（sumanas 悅意花），其中現在諸佛各「授我記」。

㈥善男子！爾時，得大勢在於（寶藏）佛前，頭面著地，尋時十方如恒河沙等世界六種震動，天雨「須曼那華」（sumanas 悅意花），其中現在諸佛世尊各與（尼摩）「授記」。

㈦爾時，寶藏如來為得大勢而說偈言：
堅力功德，今可還起，

藐三菩提」，令我佛土（之）「莊嚴」（相）亦復如是（指如光明普至尊積德王如來一樣），我亦如是施作佛事。

③（待尼摩我）我「般涅槃」後，「正法」（仍）住世，久近（時間長久）亦爾，令我得如是一切莊嚴，（皆）如光明普至尊積德王如來。

㈣
❶（寶藏）佛言：善男子！（尼摩）汝取「大處」，汝當逮是處，如汝所取。
❷（尼摩）汝善男子！於彼佛土當成「阿耨多羅三藐三菩提」，名善安隱摩尼積德王如來。
❸以（尼摩）汝善男子，取「大處」故，字汝（尼摩）名大勢至。

㈤彼（尼摩）白（寶藏）世尊：若（尼摩）我如是，意得（圓）滿者，我五體禮（寶藏）世尊足時，於十方恒河沙數諸佛世尊，皆「授我記」，雨「須曼那花」（sumanas 悅意花）。

㈥善男子！如大勢至善男子，「五體」禮寶藏如來足時，於恒河沙數十方世界中恒河沙數諸佛世尊皆「授其記」，大地六種震動，雨「須曼那華」（sumanas 悅意花）。

㈦（寶藏）佛言：
起堅固勢疾福德，十方世尊已「授記」；

大地震動，雨「須曼華」(sumanas 悦意花)， 十方諸佛，已授汝記， 當來得成，人天梵尊(天上梵天與人間中最尊者)。 　㈧善男子！爾時，<u>得大勢</u>聞是(寶藏佛之)偈已，心生歡喜，即起合掌，前禮(寶藏)佛足，去(寶藏)佛不遠，復坐聽法。	地已震動雨「須曼」(sumanas 悦意花)， 於天世人汝為梵(天上梵天與人間中最尊者)。

二、觀世音菩薩確定是「古佛」再來的

若是在佛國的話，就是名為「無量壽」佛(阿彌陀佛)，
也稱作「觀自在王」如來，
也稱作「正法明」如來，
也是「毘盧遮那」佛。

若佛是住在五濁惡世的話，就名為「觀自在、觀世音」菩薩

唐・不空譯《大樂金剛不空真實三昧耶經般若波羅蜜多理趣釋・卷二》
(此即)是「觀自在王如來」(之)異名，則此佛(即)名(為)「無量壽」。
如來若(住)於「淨妙」佛國土，(則)現成「佛身」。
(若)住雜染「五濁世界」，則為「觀自在菩薩」。
經文如下截圖：

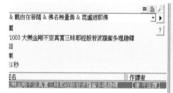

[0612a10] 時婆伽梵者如前所釋。得自性清淨法性如來者。是
觀自在王如來異名。則此佛名無量壽。[5]如來若於淨妙佛國
土。現成佛身。住雜染五濁世界。則為觀自在菩薩。復說
者。則[6]其毘盧遮那佛為觀自在菩薩。說一切法平等觀自在
智印出生般若理趣。說四種不染一切煩惱及隨煩惱三摩地
法。所謂世間一切欲清淨故則一切瞋清[7]淨。此則金剛法菩

宋・施護譯《佛說一切如來真實攝大乘現證三昧大教王經・卷二》
爾時「世尊」復入「觀自在大菩薩三昧」……以「自性清淨法」平等智善通達故……乃
入世尊「大毘盧遮那」如來心，合為一體……出生「觀自在大菩薩」身，住世尊「大毘
盧遮那如來」心……是時「觀自在大菩薩」身，從「世尊」心下……
經文如下截圖：

[0345c16] 爾時世尊復入觀自在大菩薩三昧。出生法加持金剛三摩地。此名一切如來大法三昧。即一切如來心。從自心出說是大明曰。

[0345c19] 嚩日囉(二合)達哩摩(二合一句)

[0345c20] 纔出一切如來心時。即彼如是[5]具德持金剛者。以自性清淨法平等智[6]善通達故。於金剛薩埵三摩地中。成正法[7]光明。爲出現已。是光遍照一切世界。混然成一淨妙法界。而彼普盡廣大法界。乃入世尊大毘盧遮那如來心。合爲一體。周遍一切虛空界量。從是出現大金剛蓮華相。住佛掌中。然後從彼金剛蓮華相中。出一切世界極微塵量等如來像。施作一切如來三摩地智神境通。等以一切佛神通游戲。於一切世界廣施作已。彼觀自在性。於金剛薩埵三摩地。妙堅牢故合爲一體。出生觀自在大菩薩身。住世尊大毘盧遮那如來心。說此頌曰。

大哉我此第一義　　本來清淨自然生
所有諸法如筏喻　　是故清淨而可得

[0346a06] 是時觀自在大菩薩身。從世尊心下。於一切如來前月輪中。如理而住。復請教示。

唐・澄觀撰《大方廣佛華嚴經隨疏演義鈔》卷90〈入法界品 39〉
西方**無量壽**如來，亦名**觀自在王**如來。
經文如下截圖：

菩薩者。一金剛薩埵菩薩。二金剛王菩薩。三金剛愛菩薩。四金剛善哉菩薩。南方寶生如來四菩薩者。一金剛寶。二金剛威光。三金剛幢。四金剛笑。西方無量壽如來。亦名觀自在王如來。四菩薩者一金剛法。二金剛利。三金剛因。四金剛語。北方不空成就如來四菩薩

唐・不空譯《金剛頂經觀自在王如來修行法》卷1
觀**安樂世界**(極樂世界)，琉璃為地，功德乳海。於其海中，觀「頡哩 hrīḥ」(二合)字，變為微妙，開敷「蓮華」，即變其「華」為**觀自在王**如來，色相莊嚴，如前身(之)觀。

唐・金剛智譯《金剛頂瑜伽青頸大悲王觀自在念誦儀軌》卷1
引蓮華中，放無量光，流出無量無邊**極樂**世界。(於)一一世界(中具)妙寶莊嚴，皆有**觀自在王**如來，與諸聖眾，前後圍繞。

《阿闍梨大曼荼攞灌頂儀軌》
南無金剛界大聖**毘盧遮那**如來。
南無東方**阿閦**如來。
南無南方**寶生**如來。

南無西方<u>觀自在王</u>如來。
南無北方<u>不空成就</u>如來。

唐・蘇嚩(二合)**羅譯《千光眼觀自在菩薩祕密法經》卷1**

(1)佛言：止！善男子！不須作問。今<u>觀世音自在</u>欲說其法……我念「往昔」時，<u>觀自</u>
<u>在</u>菩薩於我(之)前(即已經)成佛，號曰<u>正法明</u>(如來)，「十號」具足。

(2)(釋迦)我於彼時，為彼(正法明)佛(之)下，作(為一位)「苦行」(之)弟子，蒙其(正法明佛之)
教化，今(始)得成佛，(故)「十方如來」皆由<u>觀自在</u>(菩薩)教化之力故，於(彼)妙國土
(中)，得無上道，轉妙法輪。

(3)是故汝等勿生疑惑，常應供養。但(應)常稱(觀自在菩薩之)「名號」，(即)等(同)供養「六
十二億恒河沙數如來」(之)功德，何況(若以)至誠供養，其福(即獲)無量。

經文如下截圖：

止。善男子不須作問。今觀世音自在欲說其法。今正[3]其時汝等
善聽。我念往昔時。觀自在菩薩於我[4]前成佛。號曰正法明十號
具足。我於彼時為彼佛下作苦行弟子。蒙其教化今得成佛。十方
如來皆由觀自在教化之力故。於妙國土得無上道轉妙法輪。是故

(一)觀音菩薩「早已成佛」，若在佛國即名為：

❶無量壽佛(阿彌陀佛)。
❷<u>觀自在王</u>如來。
❸<u>正法明</u>如來。
❹<u>毘盧遮那</u>佛。

(二)觀音菩薩若是未來「再成佛」，即名為：

①<u>遍出一切光明功德山王</u>如來。
②<u>平等光明普照</u>如來。
③<u>普光功德山王</u>如來。

(三)觀音菩薩若在「五濁惡世」就名為：

❶**Avalokiteśvara**。
❷<u>盧ᵉ 樓ᵀᵘᵘ 亘ᵘ</u> 菩薩。
❸<u>觀自在</u>菩薩。
❹<u>觀世音</u>菩薩。

北涼・曇無讖譯《悲華經》卷3〈諸菩薩本授記品 4〉

(1)善男子！爾時，寶藏佛尋為(不眴墨 太子)「授記」……今當字汝(不眴)為觀世音……(在)
無量壽佛「般涅槃」已，「第二恆河沙」等「阿僧祇」劫「後分」，「初夜分」中，「正法」
滅盡，「夜後分」中……

(2)(不眴太子)汝於「後夜」種種莊嚴，在「菩提樹」下坐「金剛座」，於「一念」中間成「阿
耨多羅三藐三菩提」，號遍出一切光明功德山王如來・應供・正遍知・明行足・
善逝・世間解・無上士・調御丈夫・天人師・佛・世尊……

(3)其王太子(無諍念王之第一太子不眴)名觀世音，(往昔曾經)「三月」供養寶藏如來，及比丘僧，
以是善根故，於「第二恆河沙」等「阿僧祇」劫「後分」之中，當得作佛，號遍出一切
光明功德山王如來，世界名曰一切珍寶所成就也。

唐・不空譯《佛說大方廣曼殊室利經》卷1〈授記品 1〉

觀自在菩薩授記品

(1)爾時世尊復讚觀自在菩薩摩訶薩言：善哉！善哉！善男子！汝能如是，善巧方便，
利益有情，現種種身，開示演說，甚為希有，是真清淨「菩提薩埵」。

(2)汝(觀自在菩薩)於來世「阿僧祇」世界微塵數劫，於平等光明普照世界，當得作佛，
(佛)號曰平等光明普照如來・應供・正遍知・明行足・善逝・世間解・無上士・
調御丈夫・天人師・佛・世尊。

(3)令彼眾生住於「無畏」，無諸熱惱，無有變易，究竟寂滅，然後方般「大般涅槃」。

宋・曇無竭譯《觀世音菩薩授記經》卷1

善男子！阿彌陀佛(於)正法滅後，過中夜分，(於光)明相(生)出(之)時，觀世音菩薩，(即)
於「七寶菩提樹」下，結「加趺坐」，成等「正覺」，(佛)號(為)普光功德山王如來。

三、觀世音菩薩將來是「接掌」極樂世界的「佛」，所以觀音的頭頂永遠都是「阿彌陀佛」的「立像」

觀音菩薩若是未來「再成佛」，即名為：

①遍出一切光明功德山王如來。
②平等光明普照如來。
③普光功德山王如來。

北涼・曇無讖譯《悲華經》卷3〈諸菩薩本授記品 4〉
(1)善男子！爾時，寶藏佛尋為(不眴太子)「授記」……今當字汝(不眴)為觀世音……(在)無量壽佛「般涅槃」已，「第二恒河沙」等「阿僧祇」劫「後分」，「初夜分」中，「正法」滅盡，「夜後分」中……
(2)(不眴太子)汝於「後夜」種種莊嚴，在「菩提樹」下坐「金剛座」，於「一念」中間成「阿耨多羅三藐三菩提」，號遍出一切光明功德山王如來・應供・正遍知・明行足・善逝・世間解・無上士・調御丈夫・天人師・佛・世尊……
(3)其王太子(無淨念王之第一太子不眴)名觀世音，(往昔曾經)「三月」供養寶藏如來，及比丘僧，以是善根故，於「第二恒河沙」等「阿僧祇」劫「後分」之中，當得作佛，號遍出一切光明功德山王如來，世界名曰一切珍寶所成就也。

唐・不空譯《佛說大方廣曼殊室利經》卷1〈授記品 1〉
觀自在菩薩授記品
(1)爾時世尊復讚觀自在菩薩摩訶薩言：善哉！善哉！善男子！汝能如是，善巧方便，利益有情，現種種身，開示演說，甚為希有，是真清淨「菩提薩埵」。
(2)汝(觀自在菩薩)於來世「阿僧祇」世界微塵數劫，於平等光明普照世界，當得作佛，(佛)號曰平等光明普照如來・應供・正遍知・明行足・善逝・世間解・無上士・調御丈夫・天人師・佛・世尊。
(3)令彼眾生住於「無畏」，無諸熱惱，無有變易，究竟寂滅，然後方般「大般涅槃」。

宋・曇無竭譯《觀世音菩薩授記經》卷1
善男子！阿彌陀佛(於)正法滅後，過中夜分，(於光)明相(生)出(之)時，觀世音菩薩，(即)於「七寶菩提樹」下，結「加趺坐」，成等「正覺」，(佛)號(為)普光功德山王如來。

《陀羅尼集經・畫觀世音菩薩像法》與《觀無量壽佛經》都說是「立」像

唐・阿地瞿多譯《陀羅尼集經・卷五》

畫觀世音菩薩像法：

一切觀世音菩薩像，通身(作)白色，結加趺「坐」，百寶莊嚴，(坐於)「蓮華座」上，頭戴(有)「七寶」，莊嚴華冠，而有「重光」，其「華冠」中有(站)立「化佛」(指阿彌陀佛)，其華冠後……

經文如下截圖：

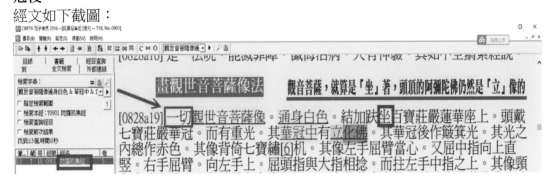

宋・畺良耶舍譯《佛說觀無量壽佛經》

應觀觀世音菩薩……頂上(有)「毘楞伽摩尼妙寶」(śakrābhi laṅga-maṇi-ratna。一般譯作「帝釋持」，意即「帝釋天之所有」；即帝釋天之「頸飾」，常能放光，遍照三十三天)，以為天冠。

其天冠中有一(站)立「化佛」(指阿彌陀佛)，高「二十五由旬」。

經文如下截圖：

[0343c11] 佛告阿難及韋提希：「見無量壽佛了了分明已，次[33]亦應觀觀世音菩薩。此菩薩身長八[34]十億那由他[35]恒河沙由旬，身紫金色，頂有肉髻，項有圓光，面[36]各百千由旬。其圓光中有五百化佛，如釋迦牟[37]尼。一一化佛，有五百[38]菩薩，無量諸天，以為侍者。舉身光中五道眾生，一切色相皆於中現。頂上毘楞伽摩尼[39]妙寶，以為天冠。其天冠中有一立化佛，高二十五由旬。觀音菩薩面如閻浮檀金色；眉間毫相備七寶色，流出八萬四千種光明；一一光明，有無量無數百千化佛；一一化佛，無數[40]化菩薩以為侍者，

五百菩薩，無量諸天，以為侍者。舉身光中五道眾生，一切色相皆於中現。頂上毘楞伽摩尼妙寶，以為天冠。其天冠中有一立化佛，高二十五由旬。觀世音菩薩面如閻浮檀金色；眉間毫相備七寶色，流出八萬四千種光明；一一光明，有無量無數百千化佛；一一化佛，無數化菩薩以為侍者；變現自在滿十方界。臂如紅蓮花色，有八十億微妙光明，以為瓔珞；其瓔珞中，普現一切諸莊嚴事。手掌作五百億雜蓮華色；手十指端，一一指端有八萬四千畫，猶如印文。一一畫有八萬四千色；一一色有八萬四千光，其光柔軟普照一切，以此寶手接引眾生。舉足時，足下有千輻輪相，自然化成五百億光明臺。下足時，有金剛摩尼花，布散一切莫不彌滿。其餘身相，眾好具足，如佛無異，唯頂上肉髻及無見頂相，不及世尊。是為觀觀世音菩薩真實色身相，名第十觀。」

佛告阿難：「若欲觀觀世音菩薩當作是觀。作是觀者不遇諸禍，淨除業障，除無數劫生死之罪。如此菩薩，但聞其名，獲無量福，何況諦觀！若有欲觀觀世音菩薩者，當先觀頂上肉髻，次觀天冠。其餘眾相亦次第觀之，悉令明了，如觀掌中。作是觀者，名為正觀。若他觀者，名為邪觀。」

唐・不空譯《瑜伽蓮華部念誦法》卷1

即變蓮華，成觀自在菩薩，寶冠(有)「瓔珞」……(寶)冠上有無量壽佛本尊。

唐・不空譯《聖觀自在菩薩心真言瑜伽觀行儀軌》卷1

聖觀自在菩薩，結跏趺坐，身如金色……具頭冠「瓔珞」，首戴(有)無量壽佛。

唐・善無畏共一行譯《大毘盧遮那成佛神變加持經》卷1〈入漫荼羅具緣真言品 2〉

觀世自在(菩薩)者，光色如皓月……微笑坐(於)白蓮(華上)，(頂)髻現(有)無量壽(佛)。

唐・不空譯《攝無礙大悲心大陀羅尼經計一法中出無量義南方滿願補陀落海會五部諸尊等弘誓力方位及威儀形色執持三摩耶幖幟曼荼羅儀軌》

觀世音菩薩，頂上(之)「大寶冠」中，現無量壽(佛)。

唐・不空譯《菩提場所說一字頂輪王經》卷3〈末法成就品 7〉

右畫觀自在(菩薩)，(以)「虎皮」以為裙……頂髻(上有)無量壽(佛)。

唐・智通譯《清淨觀世音普賢陀羅尼經》卷1

若欲造像……右廂畫觀世音(菩薩)坐華座……(觀世音)菩薩(之)頂上有佛(指阿彌陀佛)。

唐・一行記《大毘盧遮那成佛經疏》卷5〈入漫荼羅具緣真言品 2〉

(1)經云：大日(如來的)右方，置「大精進」觀世自在(菩薩)者，即是「蓮華部」主……故名

　　觀自在_(菩薩)，_(此乃)約「如來」之行，故名_(彼爲觀自在)「菩薩」。

(2)_(觀自在菩薩之頭)頂現無量壽_(佛)者，_(乃)明此行之「極果」，即是如來「普門方便智」也。

唐・蘇嚩_(二合)羅譯《千光眼觀自在菩薩祕密法經》卷 1

(1)爾時觀自在菩薩，熙怡微咲_(古同「笑」)，放大光明，「頂」上顯現「五百頭面」，具足「千眼」。

(2)每於「天冠」各有「化佛」_(指阿彌陀佛)，亦放「光明」。菩薩身上現出「一千寶臂」，各執「寶物」。

宋・法賢譯《佛說一切佛攝相應大教王經聖觀自在菩薩念誦儀軌》卷 1

當於觀自在菩薩法而修習之，若修此法……自_(觀)想_(觀自在菩薩)頂戴_(有)「寶冠」，內有無量壽佛。

相關演講介紹：

觀世音菩薩將來是「接掌」極樂世界的佛，所以觀音菩薩的頭頂永遠都是「阿彌陀佛」的「立」像

https://drive.google.com/file/d/1__BnPnE2daF0U09e6t8h-8zvCTHeLj35/view?usp=sharing

底下整理較為「標準如法」觀音頂上「立佛」圖像，這些大致都在網路上可搜尋到的：

頭頂立佛

頭髮有包裹
一些耳朵 ↗

陝西省 彬縣 大佛寺 石窟
觀世音菩薩。大唐・貞觀二年
公元六二八年十一月十三日造

唐代白石
十一面觀音像

立佛

高25.5厘米　　　　唐代白石十一面觀音頭像
西安碑林博物館藏　1983年西安西郊空軍通訊學院出土

宋代觀音石刻。重慶大足石刻。寶頂山第十一窟

宋代觀音石刻。重慶大足石刻。寶頂山第十一窟

宋代觀音石刻。重慶大足石刻。寶頂山第十一窟

立佛 ←

元代朝鮮（韓國）觀音像

立佛

日本奈良時代距今已八百年的十一面觀音立像

站立的
阿彌陀佛相

立佛

清‧丁觀鵬繪

立佛

依林法師繪

站立版的
阿彌陀佛造型

浙江省[舟山市]普陀山第四寺
[寶陀講寺]內所供奉的[觀音]菩薩

立佛 ←

立佛 ←

四臂觀音（馬芥龍繪）

立佛

馬芥龍居士繪千手觀音像

立佛

立佛

清・丁觀鵬《法界源流圖》

立佛

四十八臂觀世音

如果觀音菩薩是「坐」像，而阿彌陀佛是「立」像，大家可能會覺得「禮儀」上似乎不太對？怎麼觀音菩薩是「坐」著；而阿彌陀佛怎會是「罰站」相呢？底下試著解釋這種疑慮：

1 其實阿彌陀佛是「站」著，很容易被人「發現」觀音菩薩「頭頂」上有位「立」阿彌陀佛；如果阿彌陀佛是「坐」著，身型就會變短小，不容易被發現的。

2 觀音菩薩是「主人」，造型是「大尊」的，阿彌陀佛只是一個「小小」的「頭頂」裝飾而已，所以阿彌陀佛是「站」著，並沒有「禮貌」上的缺失。反而因為「站」，而容易被大家「看見」。

③ 阿彌陀佛是「站立」的「接引」像，本來就更容易「度化、攝受」眾生的。君不見，阿彌陀佛「接引」都是「站立」相啊～

④ 觀音菩薩的頭頂是「立佛」造型，這個「比例」與左邊的大勢至菩薩頭頂「淨瓶」造型，兩尊菩薩在「高度」上是完美「對稱」的。

《佛說觀無量壽佛經》

次觀**大勢至菩薩**……頂上「肉髻」如「鉢頭摩花」。於肉髻上有一「**寶瓶**」，盛諸「光明」，普現(一切)佛事。(大勢至菩薩)餘諸身相如觀世音，(平)等無有異。

[0344a18] [5]佛告阿難及韋提希：「[6]次觀大勢至菩薩。此菩薩身量大小亦如觀世音，圓光面各[7]二百二十五由旬，照二百五十由旬。舉身光明照十方國，作紫金色。有緣眾生皆悉得見。但見此菩薩一毛孔光，即見十方無量諸佛淨妙光明，是故號此菩薩名無邊光。以智慧光普照一切，令離三塗，得無上力，是故號此菩薩名大勢至。此菩薩天冠有五百寶[8]蓮華；一一寶華有五百寶臺。一一臺中，十方諸佛淨妙國土廣長之相，皆於中現。頂上肉髻如[9]鉢頭摩花。於肉髻上有一寶瓶，盛諸光明，普現佛事。餘諸身相如觀世音，等無有異。此菩薩行時，十方世界一切震動，當地動處[10]各有五百億寶花。一一寶花莊嚴高顯，如極樂世界。此菩薩坐時，七寶國土一時動搖。從下方金光佛剎，乃至上方光明王佛剎，於其中間無量塵數分身無量壽佛，分身觀世音、大勢至，皆悉雲集極樂國土，[11]側塞空中坐蓮華座，演說妙法，度苦眾生。作此觀者，名[12]為觀[13]見大勢至菩薩；是為觀大勢至色身

底下由筆者建議修訂的「寶冠天衣鏤空」觀音菩薩圖樣，再請精於木工佛像的新北樹林 丁師傅雕刻完成

相關演講介紹：

寶冠天衣鏤空&自在觀音(果濱設計)

https://drive.google.com/drive/folders/1imI-3arhoQzWm5EG2v0qbdn56-5UVxkO?usp=share_link

四、四面的「馬頭觀音」像，「寶冠」上的「化佛」則必呈現「坐」相

經典上說四面的「馬頭觀音」菩薩造型，既然是四頭，所以頭上必定是「坐姿」的化佛，如下面經典之所說：

《陀羅尼集經・卷6》(密教部的經典)

「馬頭觀世音」像(Hayagrīva。阿耶揭唎婆)……

(1)畫作「四個歡喜之面」……口吐寶珠，其「四頭」上，各戴「寶冠」，其「寶冠」上皆「化佛」**"坐"**。

(2)菩薩「左手」把於「蓮華」，屈肘向上。「拳」在髆(肩胛骨)前。「右臂」垂下，五指皆申「施無畏」手，兩「手腕」上皆作「寶釧」。

(3)其像「項」(頸子)下，著「寶瓔珞」，身分莊嚴，如餘處說「觀世音身」莊嚴之法。其(觀音)像，(站)立在「寶蓮華」上，作此像已。

畫作像法

[0837a10] 取新瓦瓶未曾用者。染作青色。於其瓶上。畫作馬頭觀世音像。其像身高。如來一[7]搩手。(等人一肘)畫作四箇歡喜之面。左邊一面畫作黑色。眼[8]睛綠色狗牙上出。右邊一面畫作赤色。名喫呪面。當中前面。作菩薩面。極令端正。畫作白色離像頂上懸於空中。畫作青面。口吐寶珠其四頭上各戴寶冠。其寶冠上皆化佛坐。菩薩左手把於蓮華。屈肘向上。拳在[9]髆前。右臂垂下。五指皆申施無畏手。兩手腕上皆作寶釧。其像項下著寶瓔珞。身分莊嚴如餘處說觀世音身莊嚴之法。其像立在寶蓮華上。作此像已。豫從白月十日起首。食大麥乳糜。後十三日十四日十五日。三日三夜斷絕不

《何耶揭唎婆像法》(密教部的經典)

其「瓦瓶」上，畫作「阿耶揭唎婆」觀世音像(Hayagrīva。馬頭觀音像)……畫作「青面」，出口吐「寶珠」。其「四頭」上，各戴「寶冠」，其「寶冠」上皆(有)「化佛」**"坐"**，菩薩「左手」把於「蓮華」，屈肘向上，捧在髆前。

《念誦結護法普通諸部》(密教部的經典)

唵・鉢頭暮・嗢婆嚩耶・莎嚩訶・

念誦已，安於頂右，即令心眼想見「觀自在」菩薩，身相圓滿，作「紅赤色」，天冠、花鬘，眾寶「瓔珞」，具足莊嚴，(寶)冠中(有)「化佛」，**"坐"**(於)「寶蓮花」(上)，(並)作「說法相」。又(觀)想諸「大菩薩」，如侍「佛」側，同侍(於)如來。

馬頭觀音

坐佛

五、觀世音菩薩，如果一手是持「淨瓶」的話，另一手最好有拿「蓮華」或「楊柳枝」的造型

淨瓶(澡瓶；寶瓶；軍遲；君持；胡瓶；捃稚迦)

kuṇḍikā。意譯為瓶、澡瓶、水瓶。此乃梵天、「千手觀音」等所持之物，亦為大乘比丘常持十八物之一。為「盛水」以便攜帶之容器。

《陀羅尼雜集》卷 6
作觀世音像，身著「白衣」，坐「蓮華」上。一手捉「蓮華」，一手捉「澡瓶」。使「髮」高豎。

《阿唎多羅陀羅尼阿嚕力經》卷 1
佛右畫觀自在菩薩，左畫大勢至菩薩。皆純「金色」，作「白焰」光。
二菩薩，「右手」各執「白拂」，左手各執「蓮花」。大勢至身梢小於觀自在。
皆種種「寶」，莊嚴其身。著寶「瓔珞、手釧」，皆衣「白衣」，髮並「上結」，不得「披下」。

《千光眼觀自在菩薩祕密法經》卷 1
若欲消除身上眾病者，當修「楊柳枝」藥法，其「藥王」觀自在像，相好莊嚴如前所說，唯右手執「楊柳枝」，左手當左乳上，顯「掌」。

《千光眼觀自在菩薩祕密法經》卷 1
楊柳觀音。

《千光眼觀自在菩薩祕密法經》卷 1
若求「善和」眷屬者，當修「胡瓶法」(淨瓶；寶瓶)，其「持瓶」觀自在像。相好威光如上說。
唯右手執「胡瓶」，其「瓶」首，如「金翅鳥」也。左手當齊上，向上受「胡瓶」勢。

底下整理較為「標準」的圖像，這些圖片大致都在網路上可搜尋到的：

1993年6月18

觀音菩薩真身顯現在

五台山「金閣寺」上空

1960年8月7日

「八七」水災

觀音菩薩真身顯現在

台灣「大肚溪」的上空

眛睬。知是义心自呈觌。知是俀行自行。知是順物自防嗳嗛嫌。如是方便者遣其不著。此略序所由云爾。

No. 1217　佛經教理

離經一字，即同魔説
但依文解義，亦是三世佛冤

[0001a20] 夫入道多途。要而言之不出二種。一是理入。二是行入。理入者謂藉教悟宗。深信含生同一真性。但爲客塵妄想所覆不能顯了。若也捨妄歸真。凝住壁觀。無自無他。凡聖等一堅住不移。更不隨文教。此即與理冥符無有分別。寂然無爲名之理入。行人謂四行。其餘諸行悉入此中。何等四耶。一報冤行。二隨緣行。三無所求行。四稱法行。云何

[0001b03] 報冤行。謂修道行人若受苦時。當自念言。我往昔無數劫中棄本從末流浪諸有。多起冤憎違害無限。今雖無犯。是我宿殃惡業果熟。非天非人所能見與。甘心甘受都無冤訴。經云。逢苦不憂。何以故。識達故。此心生時與理相應。體冤進道。故說言報冤行。

[0001b08] 二隨緣行者。眾生無我並緣業所轉。苦樂齊受皆從緣生。若得勝報榮譽等事。是我過去宿因所感。今方得之緣盡還無。何喜之有。得失從緣心無增減。喜風不動冥順於道。是故說言隨緣行。

[0001b12] 三無所求行者。世人長迷處處貪著名之爲求。智者悟真理將俗反。安心無爲形隨運轉。萬有斯空無所願樂。功德黑暗常相隨

六、觀世音菩薩也是有「白毫」相光的，並非是畫一「紅點」在額上

《佛說觀無量壽佛經》

(1)智者，應當繫心諦觀無量壽佛(阿彌陀佛)，觀無量壽佛(阿彌陀佛)者，從「一相好」入(阿彌陀佛具有「三十二相，八十種好」，可從其中一個「相好」中開始「觀想」起)，但(可)觀(阿彌陀佛)「眉間」(上)「白毫」(開始觀起)，極令「明了」(明白了了)。

(2)(若能得)見(阿彌陀佛)「眉間」(的)「白毫相」者，(則阿彌陀佛其餘的)「八萬四千」(之)相好(莊嚴)，自然(便)當(能得)見。(若能得)見無量壽佛者，即(可)見「十方無量諸佛」；(若能)得見「無量諸佛」故，(則)諸佛(必定)現前(為汝)「受記」……

(3)次亦應(諦)觀觀世音菩薩。此(觀音)菩薩，身長「八十億」那由他「恒河沙」由旬，身(為)「紫金色」……(觀世音菩薩)頂上(有)「毗楞伽摩尼妙寶」(śakrābhi laṅga-maṇi-ratna。一般譯作「帝釋持」，意即「帝釋天之所有」；即帝釋天之「頸飾」，常能放光，遍照三十三天)，以為天冠。其天冠中有一立「化佛」(指阿彌陀佛)，高「二十五由旬」。

(4)觀世音菩薩面如「閻浮檀金色」(jambūnada-suvarṇa 紫金色)；(在觀音菩薩)「眉間」(的)「毫相」(白毫相光)，備(具)「七寶色」，流出「八萬四千」種(的)「光明」；一一光明，有無量無數百千「化佛」；一一「化佛」，無數「化菩薩」以為侍者，變現自在，滿十方界……作是觀者，名為「正觀」。若他觀者，名為「邪觀」。

想令心明見。見此事者，即見十方一切諸佛，以見諸佛故名念佛三昧。作是觀者，名觀一切佛身，以觀佛身故亦見佛心。諸佛心者大慈悲是，以無緣慈攝諸眾生。作此觀者，捨身他世，生諸佛前，得無生忍。是故智者應當繫心諦觀無量壽佛。觀無量壽佛者，從一相好入，但觀眉間白毫，極令明了。見眉間白毫相者，八萬四千相好自然當見。見無量壽佛者，即見十方無量諸佛；得見無量諸佛故，諸佛現前受記。是為遍觀一切色想，名第九觀。作是觀者，名為正觀。若他觀者，名為邪觀。」

[0343c11] 佛告阿難及韋提希：「見無量壽佛了了分明已，次亦應觀觀世音菩薩。此菩薩身長八十億那由他恒河沙由旬，身紫金色，頂有肉髻，項有圓光，面各百千由旬。其圓光中有五百化佛，如釋迦牟尼。一一化佛，有五百菩薩，無量諸天，以為侍者。舉身光中五道眾生，一切色相皆於中現。頂上毗楞伽摩尼妙寶，以為天冠。其天冠中有一立化佛，高二十五由旬。觀世音菩薩面如閻浮檀金色；眉間毫相備七寶色，流出八萬四千種光明；一一光明，有無量無數百千化佛；一一化佛，無數化菩薩以為侍者，變現自在滿十方界。臂如紅蓮花色，有八十億微妙光明，以為瓔珞；其瓔珞中，普現一切諸莊嚴事。手掌作五百億雜蓮華色；手

※經典明確說：如果要諦觀阿彌陀佛像時，可從阿彌陀佛的「白毫」相光，開始觀想起。

✻另外如果要諦觀觀世音菩薩像時，觀音菩薩的「眉間」仍然有「白毫」相光的，而且具足有「七寶色」，然後再放射出八萬四千種的「光明」。

《觀自在菩薩阿麼䶩^斯 法》

(1)此「真言」有大神力，能滅眾生一切「業障」，速獲神驗，所求如意。若欲持此「真言」，^(欲)求見觀自在菩薩者，結護加持，供養儀軌……

(2)又^(應觀)想^(觀自在)菩薩^(於)「**毫相**」^(白毫相光)之中有「兩道光明」：

　❶一道^(光)直入諸「地獄」中救苦眾生，令得解脫。

　❷^(另)一^(道)光^(則)來^(進)入「修行者」^(之頭)頂，^(觀)想^(周)遍己身^(所有的)「眾惡」諸業，皆悉消除，內外清淨。

(3)如是「觀想、念誦」，志心必見^(於觀自在菩薩)我。^(觀自在菩薩)我當為彼「現身」，滿其所願。

> 經名
> 觀自在菩薩阿麼䶩經·末法
>
> 業障。速獲神驗所求如意。若欲持此真言求見觀自在菩薩者。結護加持供養儀軌並依大教蘇悉地經。及金剛頂瑜伽所說次第。先須志心誦滿千遍。於清淨處或阿蘭若。或於山林或清淨伽藍舍利塔前。如法建立觀自在菩薩道場。置觀音像。隨其力分精誠供養。清淨澡浴著新淨衣。慎護三業勿忘喜怒。一日一夜獨處斷一切語。心不異緣專想觀音。心不間斷誦此真言。燒沈水香或燒五味和香。香煙勿令斷絕。念念相續一心求見菩薩。於壇四角各置一燒。又各置一盃香水。一者石密漿一是淨牛乳。一是欝金香水。一是如常白檀香水。其供養餅菓粥餅等。平旦所獻飲食。日別齋時盡須收却。送安淨處施諸鳥鳥。又下新造飲食供養。至暮間准前送却。又下新造成者供養乃至天明日夜之中不得輒有昏沈懈怠恐難得見。又想菩薩毫相之中有兩道光明。一道直入諸地獄中。救苦眾生令得解脫。一光來入修行者頂。想遍己身。眾惡諸業皆悉消除。內外清淨。如是觀相念誦志心必見我。我當為彼現身滿其所願。汝可受持。設有曾犯五無

✻經典中說：可觀想觀世音菩薩的「白毫相光」中，發射出「兩道」光明：
一道「光」是射入「地獄」中去救度眾生。
另一道「光」則讓它進入吾人的「頭頂」，然後「觀想吾人」的所有「罪業」都由此「光」而消除、內外清淨。

✻如果佛堂上有「實體」的佛、菩薩像，建議可在佛菩薩的「白毫」上安裝「純真鑽石」。因為：

> 白毫放射光明鑽。
> 宛轉有如五須彌。

✻佛菩薩像的「白毫」大放光明，當然也有另一個作用，那就是「鬼神」看到會生「敬畏」，因為鬼神突然發現佛菩薩的「額頭」或「兩眉」之間，一直放射出「白亮」的光

芒，自然就會心生「敬畏」心，因此對佛菩薩聖像產生更「恭敬」的心。

☒很多佛菩薩聖像都是「銅」或「木」或「塑料」或「膜」作的，自己並不會「放光」，但我們透過「裝鑽石」方式，讓他「放光」，這也是一種「善巧方便」的方式！

☒佛菩薩聖像如果是「二尺」左右高度的，可裝 50 分(0.5 克拉)的真鑽。如果是「一尺三」左右高度的，則裝 30 分(**0.3 克拉**)的即可。

第四、執樂天神篇

一、執樂天神的介紹

1 名稱的由來：

(1)經典上說「**乾闥婆 gandharva**」就是「音樂神、執樂天子」，但「**乾撻婆**」這個名詞又經常跟「**中陰身、食香神、尋香神**」相混，以及形容諸法如「夢幻泡影、海市蜃樓」的「乾闥婆城」混著用。也容易跟「守護胎兒」及「孩童」的「乾闥婆神王」混淆。

(2)其實光「**乾闥婆**」三個「音譯」字就有眾多不同的譯名，例如「**乾闥婆王、健達婆、犍達縛、健闥婆、乾沓和、乾沓婆、彥達縛、犍陀羅**」……等。

(3)「**乾闥婆**」在古印度神話中，原本是指「半神半人」的天上「樂師」。其實「乾闥婆」是「帝釋天」屬下專職「雅樂」的「樂神」，這位「乾闥婆」神常住在地上的「寶山」之中，有時會升至「忉利天」去演奏「天樂」。

(4)在古印度的宗教信仰中，「**乾闥婆**」是一位不吃「酒肉」，只以「香氣」作為滋養的神靈，而且身上會常發出「香氣」的一位男性神靈。「乾闥婆」的工作為服侍「帝釋」的一位「樂神」，專門負責為「眾神」在宮殿裡彈奏出神奇美妙的「音樂」，也經常演奏音樂去「供養」佛陀。

(5)在密教中，也有一位「**乾闥婆神王**」，全稱為「**旃檀乾闥婆神王**」，他是專門「守護胎兒」及「孩童」的一位天神。所以如果在「胎兒誕生」之時，有人誦讀「乾闥婆神王」的咒語，誠心祈求，則鬼神就不會來侵擾剛誕生的小兒。

(6)在「天龍八部」中有一位名為「**緊那羅 Kiṃnara**」，他也被稱作為「歌神、歌樂神、音樂天、大樹緊那羅王」。

(7)所以如果以「**乾闥婆**」或「**緊那羅**」來稱呼「音樂神」的話，都太容易發生混淆了，所以筆者決定採用「**執樂天神**」四個字，這是最沒有「爭議、混淆」的名詞。在整個《大藏經》中，有很多都可以查到「執樂神」的相關「經文」，至少有《長阿含經》、《佛本行經》、《大明度經》、《菩薩從兜術天降神母胎說廣普經》、《私呵昧經》、《佛說長者法志妻經》、《分別業報略經》的「七部經典」都稱他為「執樂神」。如下經文截圖所示：

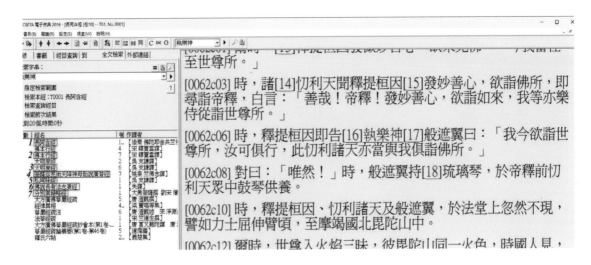

(8)在《撰集百緣經》內稱他為「天樂神」般遮尸棄（Pañcaśikha）

《長阿含經》內稱他為「執樂神」般遮翼（Pañcaśikha）

《悲華經》內稱他為**般遮旬、般遮飾**

《月燈三昧經》內稱他為**般遮尸棄**

(9)「執樂天神」並不是「天女」歌唱演奏的「女神」，也不是什麼「樂音菩薩、妙音菩薩」，他純粹就是在「帝釋天」專職演奏的「男性天神」演奏家而已。

2 **設計的概念：**

(1)筆者用 6 寸**(18.5 厘米)**高度的木塊去刻「執樂天神」(台灣檜木)，設計專門要來「監督」小朋友「學樂器」用的。如果您要自備「木塊」下去刻的話，木料至少要準備「高 21cm+寬 14cm+深 15cm」才夠雕刻。

(2)也可以放個「小香爐」在前面，彈琴時「點香」。只要「香」還沒燒完，小朋友是不准「離開」鋼琴台、樂器室的，香至少 30 分鐘起跳。彈琴時，「執樂天神」會在旁邊「加持」小朋友，讓他們更快把琴練好。

(3)天神「台坐」的前面，已設計成一個「空間」廣場，就是「擺放樂器」專用的「置樂架」，所以看你家小朋友是玩什麼樂器，就可以放在「前面」。可放鋼琴、小提琴、吉他、麥克風……都可，都是「擬真」的小樂器模型。

(4)「天神」手上拿的樂器當然不可以跟「人間」的一樣，所以這樂器都是「特殊款式」的，不屬於世間人的「樂器」。

(5)「執樂天神」是「男神」，所以身材要男性，手臂、手指要有「肌肉」。

(6)因為是「天神」，所以可不必放「佛桌」，只需放「鋼琴架」上面即可。要練琴時，就「點香」，供養他一下即可。沒鋼琴的話，就隨意放在「任何樂器」的「上面」放著，即可。

(7)將來小朋友不彈琴了，也無所謂，就當「擺件」用即可。反正只是「天神」的一尊「擺件」用而已。當「藝術品」擺件，也行的。或當「禮」送人，也行的。

(8)googel 或百度輸入「迷你樂器模型擺件」，上網可買的。圖片如下所示：

3 成品的展示：

底下由筆者建議修訂的「執樂天神」圖樣，
再請精於木工佛像的新北樹林 丁師傅雕刻完成

執樂天神

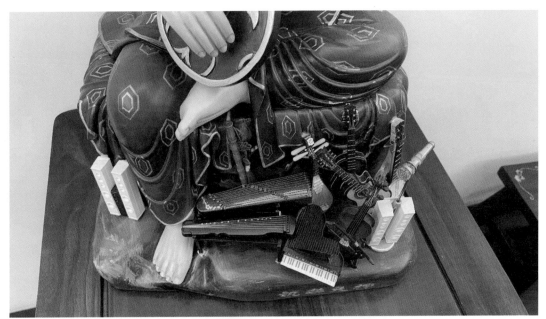

4 相關演講介紹：

《悲華經》與《撰集百緣經》的「主樂乾闥婆王;執樂神」介紹--**2019 年 5 月果濱講於**
海天書院

https://drive.google.com/file/d/1F2aitsWCdz14ffl-
JKWydhUOnAiC7Do8/view?usp=sharing

執樂天神(果濱設計)
https://drive.google.com/drive/folders/18cidPOFLK3ZKzZZ1Te8PWop22dHVVCyh?usp
=sharing

5 **經典出處內容說明：**

《撰集百緣經》卷2〈報應受供養品 2〉乾闥婆作樂讚佛緣

(1)佛在舍衛國祇樹給孤獨園，時彼城中有五百「乾闥婆」(Gandharva)，(皆)善巧彈琴，作樂歌舞，(乃爲)「供養」如來，晝夜不離(如來身旁)，(此五百乾闥婆)名聞遠徹，達於四方。

(2)時彼「南城」，(亦)有「乾闥婆王」，名曰善愛(Supriya)，亦巧彈琴，作樂歌舞，於彼土中，更無(人與善愛)誹對(應對；對答)，(因此善愛乾闥婆)憍慢自大，更無有比。

(3)(善愛)聞其「北方」有(五百)「乾闥婆」，善巧彈琴，作樂歌舞，故從彼(南方而)來，涉歷諸土，經「十六大國」，(善愛)彈「一弦琴」(或指這琴只有一弦而已)，能令出於「七種」音聲，聲有「二十一」解(聲音的變化多達二十一種精湛妙解)。

(4)時諸人民，聞其(善愛)「彈琴」，(皆)作樂歌舞，歡娛自樂，(甚至)狂醉放逸，不能自制，(人民)共相隨逐(善愛)，(共)來詣舍衛，欲得見(舍衛城之波斯匿)王，致意問訊，角試(比試較量)技術。

(5)時「城郭神」及「乾闥婆」，啟白(波斯匿)王言：云「南方」國，有「乾闥婆王」，名曰善愛，快能彈琴，作樂戲笑。今(善愛)在門外，致意「問訊」。

(6)(善愛)云：(我)在彼間(南方之城)，遙承(波斯匿)王邊有(五百)「乾闥婆」，善巧彈琴，歌舞戲笑，故從(南方而)遠來，求共「角試」(比試較量)彈琴技術。願(波斯匿)王今者！聽使所白(就接受善愛想表白、想說的意思吧)。

(7)時波斯匿王告守門者，疾喚(善愛)來入。共王相見，各懷歡喜。

(8)善愛白言：承聞(波斯匿)王邊有(五百)「乾闥婆」，善巧彈琴，歌舞戲笑，今在何許？我今當共「角試」(比試較量)技術。

(9)(波斯匿)王即答曰：我不相憚，去此不遠，我今共汝(一起與你)，往至于彼，隨意「角試」(比試較量)。時(波斯匿)王然可(答應並接受此事)。

(10)(波斯匿王與善愛同)至世尊所，佛知(波斯匿)王意，尋自(神通)變身，(佛變)化作「乾闥婆王」，將(帶領)「天樂神」般遮尸棄(Pañcaśikha)，其數七千，各各手執「琉璃」之琴，侍衛(在波斯匿王之)左右。

(11)時波斯匿王語善愛言：此皆是(爲)我「作樂」(之)諸(音樂)神，汝今可共「角試」(比試較量)琴術。

(12)時善愛王，即便自取「一弦之琴」(或指這琴只有一弦而已)，而彈鼓之，能令出於「七種音聲」，聲有「二十一解」(聲音的變化多達二十一種精湛妙解)，「彈鼓」合節(節拍、節奏)，甚可聽聞，能令眾人歡娛舞戲，「昏迷」放逸，(甚至)不能自持。

(13)爾時「如來」(此指已變成乾闥婆的如來)復取般遮尸棄(之)琉璃之琴，(也)彈鼓「一弦」(或指這琴只有一弦而已)，(亦)能令出於「數千萬種」(琴聲)，其聲「婉妙」，清徹可愛，聞者(皆)舞笑，(或)歡娛愛樂，(而)喜不自勝。

(14)時善愛王聞是聲已，歎未曾有，自鄙「慚愧」先所彈琴所出音聲，即便「引伏」(引

退伏罪），長跪叉手：(願)請(作)為(我的)「大師」，更諮(諮議探詢)「琴法」。

(15)爾時「如來」(此指已變成乾闥婆的如來)見善愛王，(已)除去「我慢」，心已(獲)「調伏」，還服本形(佛即從變化出的乾闥婆王而恢復本形)，諸比丘僧，默然而坐。心驚毛豎，尋於佛前，深生信敬，長跪合掌，求入道次。

(16)佛即(對善愛)告言：善來比丘！(善愛)鬚髮自落，法服著身，便成「沙門」，精懃「修習」，未久之間，得(四果)「阿羅漢果」。

(17)時波斯匿見善愛王，心已調伏，復得(四果)「道果」，心懷歡喜，長跪請佛，及比丘僧。佛即然可(答應並接受)。

(18)(波斯匿王)勅諸群臣，平治「道路」，除去「瓦石」污穢不淨，建立幢幡，懸諸寶鈴，香水灑地，散眾名華，安置床榻，設諸餚饍，供養「佛、僧」。

(19)時諸比丘見是供養，怪未曾有，而白佛言：如來世尊，宿殖何福？今者乃有如是「音樂」供養如來？終不遠離？

(20)爾時世尊告諸比丘：汝等諦聽！吾當為汝分別解說。乃往過去無量世時，波羅㮈國有佛出世，號曰正覺(Prabodhana)，將(帶領)諸比丘，(四處)遠行教化，至梵摩王國，在一樹下，結「跏趺坐」，入「火光」三昧，照于天地。

(21)時彼(梵摩)國王(此國王即是釋迦牟尼的前生)，將諸群臣，數千萬眾，出城遊戲，作倡「伎樂」，歌舞戲笑。

(22)(梵摩王)遙見彼(正覺)佛及比丘僧，在於樹下，結「跏趺坐」，光明赫弈，照于天地，如百千日，心懷歡喜，將諸伎女，往到(正覺)佛所，前禮佛足，作樂供養，長跪請(正覺)佛：唯願世尊(正覺佛)及比丘僧，大慈憐愍，來入宮中，受我供養。(正覺)佛即然可(答應並接受)。

(23)(梵摩國王)設諸餚饍，供養訖已，(正覺)佛即為(梵摩)王種種說法，(令)發菩提心，(正覺佛並)即授(梵摩國)王「記」：汝於來世，當得作佛，號釋迦牟尼，廣度眾生，不可限量。

(24)(釋迦)佛告諸比丘：欲知彼(往昔之)時梵摩王者，則我(釋迦)身是，彼時群臣者，今諸比丘是，皆由彼(梵摩王宿世)時供養(正覺)佛故，(故梵摩王於)無量世中，(皆)不墮地獄、畜生、餓鬼，天上人中，常受快樂，乃至今者，(昔日的梵摩王終於)自致成佛(號釋迦牟尼佛)，(今日並)有(得)是(美妙)「音樂」而供養(釋迦)我，終不遠離。

(25)爾時諸比丘，聞佛所說，歡喜奉行。

《長阿含經・卷十》

(1)時，釋提桓因即告「執樂神」般遮翼(Pañcaśikha)曰：我今欲詣世尊所，汝可俱行，此「忉利」諸天，亦當與我，俱詣佛所。

(2)對曰：唯然！時，般遮翼(Pañcaśikha)持「琉璃琴」，於「帝釋」前「忉利天眾」中，「鼓琴」供養。

(3)時，<u>釋提桓因</u>、<u>忉利諸天</u>及<u>般遮翼</u>(Pañcaśikha)，於「法堂」上，忽然不現，譬如力士屈伸臂頃，至<u>摩竭國</u>北<u>毘陀山</u>中。

(4)爾時，世尊入「火焰三昧」，彼<u>毘陀山</u>，同一火色，時國人見，自相謂言：此<u>毘陀山</u>，同一火色，將是如來「諸天」之力。

(5)時，<u>釋提桓因</u>告<u>般遮翼</u>(Pañcaśikha)曰：如來・至真，甚難得覯，而能垂降此「閑靜」處，寂默無聲，「禽獸」為侶。此處常有諸「大神天」，侍衛世尊，汝可於前，鼓「琉璃琴」，娛樂世尊，吾與諸天，尋於後往。

(6)(<u>般遮翼</u>)對曰：唯然！即受教已，持「琉璃琴」，於先詣佛。去佛不遠，鼓「琉璃琴」，以偈歌曰……釋子專四禪，常樂於閑居；正意求甘露，我專念亦爾。能仁發道心，必欲成正覺……

(7)爾時，世尊從「三昧」起，告<u>般遮翼</u>(Pañcaśikha)言：善哉！善哉！<u>般遮翼</u>(Pañcaśikha)！汝能以「清淨音」，和「琉璃琴」，稱讚如來，琴聲、汝音，不長不短，悲和哀婉，感動人心。汝琴所奏，「眾義」備有，亦說「欲縛」，亦說「梵行」，亦說「沙門」，亦說「涅槃」。

《月燈三昧經・卷五》

(1)爾時，<u>月光童子</u>白佛言：世尊！
云何菩薩於「不思議佛法」應善巧知？
云何於「不思議佛法」應求請問？
云何於「不思議佛法」深信清淨？
云何聞「不思議佛法」不生驚怖、不增怖畏、不恒怖畏？

(2)爾時，有「乾闥婆」子名曰<u>般遮尸棄</u>(Pañcaśikha)，共餘「乾闥婆」(Gandharva)子五百同類俱，持「音樂」種種「樂器」，隨從佛後，欲為「供養」佛。

(3)爾時，<u>般遮尸棄</u>(Pañcaśikha)作如是念：如我於帝釋「憍尸迦」，及「三十三天」前所設供養，今以此「歌詠樂音」供養如來、天中之天、應供、正遍知。

(4)爾時，<u>般遮尸棄</u>(Pañcaśikha)「乾闥婆」(Gandharva)子，共餘五百「乾闥婆」子，皆各同時擊「琉璃琴」，出妙歌音。

(5)爾時，世尊作如是念：我以無作遊戲神力，令彼<u>月光童子</u>於「不思議佛法」中得一心住，復令<u>般遮尸棄</u>(Pañcaśikha)「乾闥婆」(Gandharva)子等「樂器歌音」，令現殊妙。

(6)爾時，以「佛神力」故，令彼五百「音樂」，善稱和雅，發「無欲音」、發「順法音」、發「應法音」，所謂應「不思議佛法」。

《佛說給孤長者女得度因緣經・卷三》

(1)爾時，世尊知時已至，即入「三摩地」，普遍觀察，於是「三摩地」出已，舉身出現

青黃、赤白種種妙色，清淨光明……

(2)時娑婆界主「大梵天王」知是事已，即與「色界」諸天子眾，來佛右邊，「侍衞」而行；「帝釋天主」知是事已，即與欲界諸天子眾，來佛左邊侍衞而行。

(3)復有善愛音等「五百乾闥婆王」(Gandharva)，奏百千種微妙「音樂」引導佛前……又有無數天女在虛空中，各持優鉢羅華、鉢訥摩華……摩訶曼陀羅華等，及雨栴檀香、末香……多摩羅香等種種妙香供養於佛，又復「奏」彼天妙「音樂」，有如是等天人大眾圍繞而行。

《大方便佛報恩經》卷 3〈論議品 5〉

(1)爾時復有一「乾闥婆」子，名曰闥婆摩羅，彈「七寶琴」，往詣如來所，頭面禮足，却住一面，鼓樂絃歌，出微妙音，其音和雅，悅可眾心。(所有)「聲聞、辟支佛」等，不覺「動身」起舞，(所有)須彌山王，(皆因此)湧沒、低昂。

(2)爾時如來即入「有相三昧」，以「三昧力」，令其「琴聲」(能)遠聞(飄至)三千大千世界，其音具足演說「苦、空、無常、不淨、無我」。

二、帝釋天神曾派「乾闥婆」子般遮旬彈「琉璃琴」歌讚釋迦佛，欲以「琴音」令佛陀從「三昧」中出定

北涼·曇無讖 譯《悲華經》	秦·譯者佚 名《大乘悲分陀利經》
⑴(時)彼「四天下」(之)第二天主釋提桓因(Śakra Devānām-indra 又作天帝釋、天主、憍尸迦多種稱呼，此即爲三十三天之天主)，名憍尸迦(Kauśika。忉利天，即三十三天之天主，爲「帝釋天」之異名)，其命將終，必定當墮「畜生道」中，以是事故，心生恐懼，(便)與八萬四千(之)諸「忉利天」(人)，俱共來下(人間)，詣因娑羅窟(Indasāla-guhā)，欲見(釋迦)如來。	⑴其中有「四天下」(之)釋(Śakra Devānām-indra 又作天帝釋、天主、憍尸迦多種稱呼，此即爲三十三天之天主)，名憍尸迦(Kauśika。忉利天，即三十三天之天主，爲「帝釋天」之異名)，觀命將終，應墮「畜生」，(便)極大恐怖，(遂)與八萬四千(之)「三十三天」俱，(同)詣娑羅窟(Indasāla-guhā)，向(釋迦)世尊所。
⑵時有「夜叉」，名曰王眼，即其「窟神」，在外而住(王眼夜叉是因臺娑羅窟的窟神)。	⑵(大眾在接)近帝眼「夜叉」宮，(於)娑羅窟(Indasāla-guhā)前(而)住。(帝眼夜叉是娑羅窟的窟神)
⑶爾時(憍尸迦)帝釋以「佛力」故，作是思惟：今我當(派)使乾闥婆(gandharva)子般遮旬(pañcābhijña)，先至(釋迦)佛所，以「妙音」聲，讚詠(釋迦)如來，當令(釋迦)世尊，(能)從「三昧」起(指出定)。	⑶(憍尸迦)承佛威神，即生是念：我今應請般遮飾(pañcābhijña)乾闥婆(gandharva)子，以彼「妙音」，「歌歎」(釋迦)世尊，可令(釋迦)世尊，從「三昧」起(指出定)。
⑷善男子！釋提桓因(天帝釋、憍尸迦)思惟是已，即令乾闥婆(gandharva)子般遮旬(pañcābhijña)，彈「琉璃琴」，以微妙音，其音別異，有「五百種」，以讚(釋迦)如來。	⑷時彼帝釋(天帝釋、憍尸迦)往請般遮飾(pañcābhijña)乾闥婆(gandharva)子。時般遮飾(pañcābhijña)執「琴」而來，承佛威神，以「柔軟音」，(有)五百偈讚，(以)彈琴歌詠(方式)，歎於(釋迦)世尊。
⑸善男子！是般遮旬(pañcābhijña)當讚(釋迦)佛時，爾時(釋迦)如來，即復轉入「相三昧」中，以(此)「三昧力」故，(能)於此世界，作「大神力」，(並)令諸「夜叉、羅刹、	⑸善男子！如般遮飾(pañcābhijña)讚歎世尊，應時彼釋迦牟尼如來，入「無聲勝明三昧」，令此一切娑訶世界，諸大威德「夜叉、羅刹、阿修羅、迦樓羅、緊那羅、

乾闥婆、阿修羅、迦樓羅、緊那羅、摩睺羅伽(mahoraga 大蟒神)，(及)「欲、色」界天，悉來聚集其中。	乾闥婆」，(及)「欲界、色界」一切諸天，皆悉來集。
(陸) ❶若有(眾生)，憙聞(此)「妙音」(者)，隨意得聞，心大歡喜。 ❷或有(眾生)，憙聞「讚歎」(釋迦)佛者，(當)聞「讚歎」已，(便)心生歡喜，(更)於如來所，轉生「尊重恭敬」之心。 ❸或有眾生，憙聞「樂音」(者)，即得聞之，聞已歡喜。	(陸) ❶其中(若有眾生)樂「音詠」者，彼聞(此)「詠音」，(便)生大歡喜。 ❷(若有眾生)樂「讚誦」者，彼聞(此)「讚辭」，於(釋迦)世尊所，(便)生「希有心」，歡喜恭敬。 ❸(若有眾生)樂「琴音」者，彼聞「琴音」(後)，亦大歡喜。

《佛說伅真陀羅所問如來三昧經・卷上》

(1)「伅真陀羅」(Kinnara 歌神；音樂天神)在其中央，同時鼓琴……比丘、比丘尼。優婆塞、優婆夷。諸一一尊，比丘及新發意菩薩。其在會者，諸天龍鬼神一切。自於坐皆「踊躍」，陂峨(傾側不穩)其身，而欲「起舞」。

(2)提無離菩薩問：尊「聲聞」已離「諸欲」，悉得「八惟務禪」(aṣṭau vimokṣāḥ 八解脫)，盡見「四諦」，何緣復「舞」？

(3)諸尊「聲聞」答言：吾等不得自在，用是「琴聲」，於坐不能忍其「音」，亦不能制其心令堅住。

(4)提無離菩薩問摩訶迦葉言：仁者！年尊而知厭足，自守如戒，為諸天及人之所敬愛。云何不能自制「身舞」，若如小兒？

(5)摩訶迦葉言：譬若隨「藍風」一起時，諸樹名「大樹」，而不能自制。所以者何？其身不堪「伅真陀羅」王「琴聲」，譬若如隨「藍風」起時。以是故，吾等而不能「自制」……諸聲聞之所有，今悉為是「音」而「覆蔽」。

(6)提無離菩薩復謂摩訶迦葉：觀諸「阿惟越致」(不退轉菩薩)所作為，聞是琴聲，而「無動」者。其有智人，聞是奈何，而不發「阿耨多羅三藐三菩提心」。諸聲聞之所有威神之力，皆悉為「琴聲」而所「覆蔽」，是音不能動搖諸「摩訶衍」(大乘)。伅真陀羅王，所有伎樂八萬四千音聲，皆悉「佛威神」之所接，亦「伅真陀羅」本願福之所致……

三、「出家僧人」不習歌舞&不持樂器的經論引證

《佛說大般泥洹經》卷4〈分別邪正品 10〉

若……合諸「毒藥」，合諸「香油」，作諸「樂器」(手執樂器而把玩自娛，此皆是非法非律)，革屣ㄒ、繳ㄐ(古同「傘」)蓋……如是種種「非法」之物……此等「非法」，猶如草穢，害善「穀苗」，我(許用)聽「苦治」(苦法除治這些破戒者)，(將之)驅擯(驅逐擯棄)令出。

《大般涅槃經》卷11〈聖行品 7〉

(1)迦葉！是菩薩摩訶薩復有二種戒：一者受「世教戒」，二者得「正法戒」。

(2)菩薩若受「正法戒」者，終不為惡，受「世教戒」者，(於)「白四羯磨」(此是授戒的方式，又稱「白四羯磨、三羯磨、白四」。於僧團中，凡有關受戒之承諾、重罪之處分，或治罰、滅諍等重大事件，必須於「羯磨師」四人以上之僧眾面前，才能進行議決，其議決之程序即稱「一白三羯磨」。一白，謂讀表白文一次。三羯磨者，即三度宣讀授戒作業之表文。所以「一白三羯磨」共讀四次表白文，故稱「白四、白四羯磨」，為授戒作法中之最慎重者)，然後乃得。

(3)復次善男子！有二種戒：一者「性重戒」，二者「息世譏嫌戒」。

「性重戒」者，謂「四禁」(殺盜婬妄)也。

(4)「息世譏嫌戒」者：不作販賣、輕秤小斗ㄡ(小斗量之器)、欺誑於人……終不觀看「象鬥、馬鬥、車鬥、兵鬥、男鬥、女鬥、牛鬥、羊鬥、水牛雞雉鸚鵡等鬥」，亦不故往觀看「軍陣」。不應故聽「吹貝、鼓角、琴、瑟、箏、笛、箜篌、歌叫(唱歌歡叫)、伎樂之聲」，除(了目的是為了)供養佛(之外)……

善男子！是名菩薩摩訶薩「息世譏嫌戒」。

(5)善男子！菩薩摩訶薩堅持如是「遮制」之戒，與「性重戒」，等無差別。

《梵網經》卷2

若佛子！以「惡心」故，觀一切男女等鬥，「軍陣、兵將、劫賊」等鬥，亦不得聽「吹貝、鼓角、琴瑟箏笛、箜篌歌叫、伎樂之聲」……一一不得作。若故作者，犯「輕垢罪」。

《沙彌十戒法并威儀》卷1

「沙彌」之戒，盡形壽，不得……吟咏「歌音」，手執「樂器」，琴瑟、箜篌、箏笛、竽笙，以亂「道意」……有犯斯戒，非「沙彌」也。

《大愛道比丘尼經》卷1

七者，「沙彌尼」盡形壽不得(於自身)彩畫，不得(以)金縷繡(衣)……不得「照鏡」自現其形

相好（與）不好……不得「彈琴」，手執「樂器」，不得「歌舞」，自搖身體，不得「顧視」而行，不得「邪視」而行……有犯斯戒，非「沙彌尼」也。

《出曜經》卷29〈沙門品 33〉

人所樂者，彈琴、皷瑟，作倡伎樂，此是人（之）所樂。

非人所樂者，禪定、數息，繫意在一，非（爲）人（之）所念。

是故說日：當學入「空」，比丘靜居，（能）樂非（爲）人（所樂之）處，觀察（平）等法也。

《十誦律》卷40

種種因緣呵已，語諸比丘，從今：

(1)不得共女人「一床坐」。共坐者，（得）「突吉羅」。

(2)不得與女人「共食」。共食者，（得）「突吉羅」……

(3)不得「彈琴、鼓簧」，不得「齘 齒」（咬齒）作節（拍）、不得「吹物」作節（拍）、不得彈「銅杅」作節（拍）、不得擊「多羅樹葉」作節（拍）、不得「歌」、不得「拍節」、不得「舞」。（若）犯者，皆（得）「突吉羅」（duṣkṛta 惡作、惡語等諸輕罪）！

《鼻奈耶》卷5

(1)此間迦羅園中有二比丘，馬師、弗那跋，數至「白衣家」止宿，作諸「惡事」，比居「村落」，無不聞見者。（馬師、弗那跋二比丘）或共婦女「一床」席坐、同一器「食」、同一器「飲」，襞「僧伽梨」著架上。（馬師、弗那跋二比丘）共婦女「歌舞、彈琴、敲節（拍）、琵琶」……

(2)佛世尊為沙門「結戒」（締結製訂戒律）：若比丘，住「白衣家」，作上「惡事」，（犯）「僧伽婆尸沙」（saṁghāvaśeṣa 僧伽婆尸沙；次於「波羅夷」之重罪，犯者如人被他人所殘，僅存「咽喉」，猶有「殘命」，得賴僧眾爲其行懺悔之法以除其罪）。

隋・智者大師疏。宋・與咸《梵網菩薩戒經疏註》卷3

第二十事，不得「娛樂」。

亦不得（耳）聽「吹貝、鼓角、琴、瑟、筝、笛、笙簧、歌叫（唱歌歡叫）、妓樂之聲」。

【疏】若為「自娛」（的話），道（與）俗（皆）同，（必）不得作（指以手操持琴樂之事）！（亦）不得（耳）聽。

若（此音樂是）供養三寶（的話），（則）道（與）俗（皆）同「開」（緣）。

明・株宏《梵網菩薩戒經義疏發隱》卷5

(1)亦不得（耳）聽「吹貝、鼓角、琴瑟、筝笛、箜篌」，敷叫、妓樂之聲。

第二若為「自娛」（自我誤樂），道（與）俗（皆）同，（必）不得作！不得（耳）聽！

　　若(目的是爲了)「供養三寶」(的話)，(則)道(與)俗(皆)同「開」(緣)……

(2)若乃為「僧」者，(並)無(要)「供養」(三寶)之心，(純粹是)習「世俗」之樂。而欲以「畜笛自娛」者，(作)為(自己之)口實。嗟夫(可悲可嘆)！

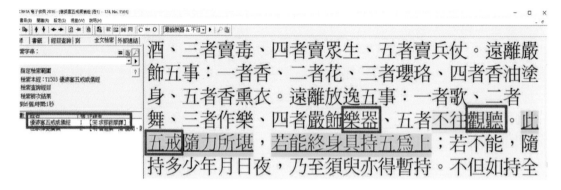

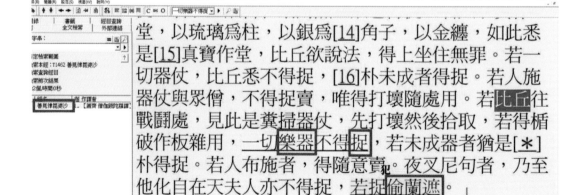

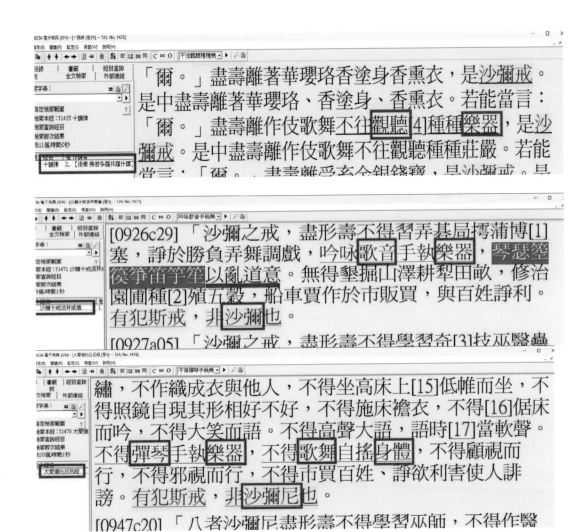

「爾。」盡壽離著華瓔珞香塗身香熏衣，是沙彌戒。
是中盡壽離著華瓔珞、香塗身、香熏衣。若能當言：
「爾。」盡壽離作伎歌舞不往觀聽[4]種種樂器，是沙
彌戒。是中盡壽離作伎歌舞不往觀聽種種莊嚴。若能
當言：「爾。」盡壽離受畜金銀錢寶，是沙彌戒。是

[0926c29]「沙彌之戒，盡形壽不得習弄碁局摴蒲博[1]
塞，諍於勝負弄舞調戲，吟咏歌音手執樂器，琴瑟箜
篌箏笛箏笙以亂道意。無得墾掘山澤耕犁田畝，修治
園圃種[2]殖五穀，船車賈作於市販買，與百姓諍利。
有犯斯戒，非沙彌也。
[0927a05]「沙彌之戒，盡形壽不得學習奇[3]技巫醫蠱

繡，不作織成衣與他人，不得坐高床上[15]低幃而坐，不
得照鏡自現其形相好不好，不得施床襌衣，不得[16]倨床
而吟，不得大笑而語。不得高聲大語，語時[17]當軟聲。
不得彈琴手執樂器，不得歌舞自搖身體，不得顧視而
行，不得邪視而行，不得市買百姓、諍欲利害使人誹
謗。有犯斯戒，非沙彌尼也。
[0947c20]「八者沙彌尼盡形壽不得學習巫師，不得作醫

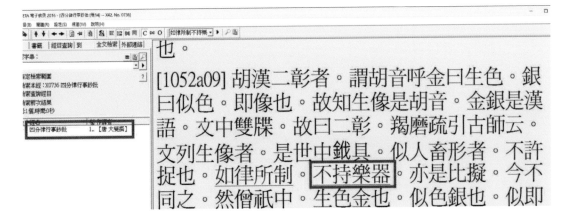

也。

[1052a09] 胡漢二彰者。謂胡音呼金曰生色。銀
曰似色。即像也。故知生像是胡音。金銀是漢
語。文中雙牒。故曰二彰。羯磨疏引古師云。
文列生像者。是世中銭具。似人畜形者。不許
捉也。如律所制。不持樂器。亦是比擬。今不
同之。然僧祇中。生色金也。似色銀也。似即

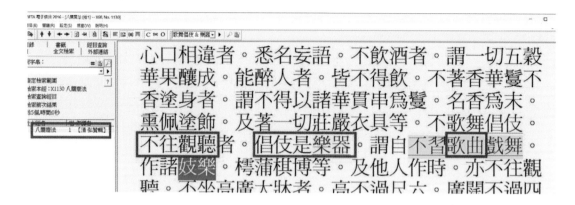

如果僧人在「俗家」時，您已會「琴棋書畫」等技藝，後來出家後，仍保有此技能，「偶爾」可用用，因為不必再練，「直接」就能操作上手。

但如果在「出家」以後，還「重新」花時間來學習「樂器、書法、畫畫」，這是佛陀所不允許的，也是「戒律」所禁止的。

因為出家人應以「勤修戒定慧、聞思修、定慧雙修、六度萬行、了脫生死輪迴」為主，不可能再把「時間」拿來「從零」開始的學習「樂器、書法、畫畫」等技藝。

所以佛陀說，只要一出家，就算只是「沙彌、沙彌尼」，就嚴格規定「不持樂器」的戒律。

弘一大師(律師)，生前有二位妻子。琴、棋、書、畫、寫歌、作曲、彈琴，樣樣精通。
出家後，全斷捨離，全部放下，
只保留「寫書法」一個「世間」藝術技能而已

李叔同 [編輯]

維基百科，自由的百科全書

李叔同（1880年10月23日－1942年10月13日）[1][2][3]，譜名文濤，幼名成蹊，學名廣侯，字息霜，別號漱筒，出家後法名演音，號弘一，晚號晚晴老人，是出身天津的畫家、音樂家、劇作家、書法家、篆刻家、詩人、藝術教育者及漢傳佛教（南山律宗）僧侶等。

目次 [隱藏]
1 名號由來
2 生平概略
3 家庭
　3.1 第一位妻子
　3.2 第二位妻子
4 成就
5 評價

弘一大師(律師)，未出家前有二位妻子，也是音樂老師
琴、棋、書、畫、寫歌、作曲、彈琴，樣樣精通。
出家後，全捨離、全放下
只保留「寫書法」一個「世間」藝術技能而已！

李叔同

他早期的書法作品

1906年，他與同學曾孝谷創辦業餘話劇團體「春柳社」[4]，演出《茶花女》，開中國話劇之先河。留學日本期間，他曾因病返天津休養。專攻西洋繪畫和音樂（東京藝術大學前身）

1910年（一說1911年），他攜日本籍妻子春山淑子（一說福基）返回中國。之後，他曾於天津北洋高等工業學堂、直隸模範工業學堂等校擔任教員。翌年，他於上海城東女子學校擔任音樂教員。

1912年，他於浙江省立第一師範學校擔任音樂及美術教師。

1915年，應江謙之聘請，他開始於南京高等師範學校（今南京大學前身）擔任教師，教授圖畫、音樂等，同時於浙江兩級師範擔任教師。

1918年，他在杭州虎跑寺剃度出家，吃素念佛，弘揚律宗，並著有《南山律在家備覽》。出家後，他於藝術活動方面，只保留了書法。他的妻子在他出家後返回日本[5]。

1942年10月10日約18時，他於泉州開元寺之溫陵養老院寫下「悲欣交集見觀經」，並將之託付與妙蓮法師。三日後，他於當地圓寂。[5][6]

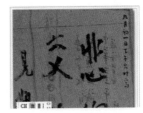
廈門鼓浪嶼弘一大師紀念園內的李叔同塑像

家庭 [編輯]

第一位妻子 [編輯]

四、佛陀曾經讚許僧人用「梵唄」聲去唱頌佛經。清徹的梵唄聲，能讓人心「悟道」與有諸多「利益」

唄_ㄜ ➡助詞用

(1)表示「罷了，不過如此」的意思，如「不懂就學唄！」。

(2)表示「同意、命令」等語氣，跟「吧」相近，如「去就去唄！」。

唄_ㄞ

(1)僧人「純誦經」的聲音。

(2)佛教徒「歌聲唱頌」佛曲的聲音。

《出曜經》卷 21〈聞品 23〉

(1)昔王波斯匿(Prasenajit)集「四種兵」，(於)夜(中)「非人」(無人之)時，出城遊行。時有一比丘名羅婆那拔提(lavaṇa-bhadrika)，寂然閑靜，(即開噪音而歌唱)唄ㄞ 聲清徹(佛在世尚無採用引磬木魚類的法器，應該是清唱方式)，令「四種兵」(而)莫不聞者。

(2)時波斯匿王於彼眾中便生此念：若我「明日」，見此(唱梵)唄ㄞ (聲之)比丘者，當賜「三百千兩金」。

(3)王復漸(靠)近，(而)內自思惟：「聲音」似如「近」，然復不見？轉復前進，(即)見其人，身在一函裏，便賜「三貝珠」。

《賢愚經》卷 11〈無惱指鬘品 45〉

(1)時波斯匿王(Prasenajit)，大合兵眾，躬欲往討鴦仇摩羅，路由祇洹，當往攻擊。時(於)祇洹(精舍)中，有一「比丘」(即指羅婆那拔提比丘 lavaṇa-bhadrika)，形極痤ㄘㄨㄛˊ 陋(身患癃ㄌㄨㄥˊ 瘡痤ㄘㄨㄛˊ 疽ㄐㄩ 醜陋)，(但其人)「音聲」異妙，振聲「高唄ㄞ」(佛在世尚無採用引磬木魚類的法器，應該是清唱方式)，音極「和暢」，軍眾傾耳(而聽)，無有厭足(之心)，(甚至連)象馬(都)「豎耳」(而聽)，住(聽而)不肯行。(用現代的話語來說，像這種歌喉都是「上帝」給的、上來送的聲音、歌喉、噪音。先天就能擁有的)

(2)(波斯匿)王怪，(於是)顧問「御者」：何以乃爾？

(3)御者答言：(象馬)由(於)聞「唄ㄞ 聲」，是使「象馬」(皆)「停足」立聽。

(4)(波斯匿)王言：「畜生」尚樂「聞法」？我曹「人類」，何不往聽？

(5)(波斯匿王)即與群眾，暫還祇洹(精舍)。到(已)，(即)下象(之車)乘，(並)解「劍」却(其)蓋，直進佛(之處)所，(向佛)敬禮問訊，(但剛剛)彼(唱)「唄ㄞ」(聲之)比丘(即指羅婆那拔提比丘)，(其)「唄ㄞ 聲」已(消)絕。

(6)(波斯匿)王先問言：向(剛剛聽)聞「唄ㄞ 音」，清妙、和暢，情(意)豫(欲)欽慕(欽仰羨慕)，願得見識，(並願供)施「十萬錢」(做供養)。

（人的「耳朵」總是想聽「最美、最動人」的聲音，其實修行人應該聽「法音、法義」才是究竟的，因為只有「法音、法義」才能讓我們獲得智慧與解脫的啊）

(7)佛告之曰：(那你就)先與其「錢」(吧)！然後(你即)可見(之)。若(等你)已見(到人)者，(怕你反悔而)更不欲與「一錢」之心。

(8)(佛)即將(此比丘)示之。(波斯匿王)見其形狀，倍復瘊🈲陋(身患癩🈲 瘡瘂🈲 疽🈲 醜陋)，(真的是)「不忍」見之，(心)意(即)無欲與「一錢」之想。

(9)(波斯匿)王從座起，長跪白佛言：今此比丘，形極「短醜」，其音(竟然)「深遠」，「聲徹」乃爾。宿(世)作何行？致得斯(果)報？

(10)佛告(波斯匿)王曰：善聽著心！過去有佛，名曰迦葉，度人周訖，便「般涅槃」。時彼國王，名機里毘，收取(迦葉佛的)舍利，欲用起(佛)「塔」……(機里毘)王聞是語，倍增踴躍，即立「四監」，各典(掌)一邊。(令)其「三監」(工人)所作，(令)工向欲成。(時有一)監(人非常)「慢怠」，工獨不(成)就。

(11)(機里毘)王行看見，便以理責：卿不用心，當加「罰讁🈲」！

(12)其(怠慢工)人懷「怨」，便白(機里毘)王言：此塔「太大」，當何時(能)成？

(13)(機里毘)王去之後，(即令)勅諸(能)「作人」，晝夜「勤作」，一時(即)都訖(畢)。塔極高峻，眾寶晃昱，莊校雕飾，極有異觀。

(14)(此一怠慢之工人)見已(馬上心生)「歡喜」，(並)「懺悔」前(所犯的)過(失)，(於是就)持一「金鈴」(就是「金剛鈴」之類的法器)，著(置於佛)「塔」(之)桭🈲(古代門兩旁豎的木柱)頭，即自求願：

(願)令我(來世)所生，「音聲」(能)極好，一切眾生莫不「樂聞」(所以此比丘這世的喉嚨是「發願」求來的，不是後天「練習」出來的)，將來有佛，號釋迦牟尼，(能)使我得見「度脫生死」。

(15)如是大王！欲知爾時(那位)一監作(者)，(即)遲(工而抱)怨「塔大」者，此(今羅婆那拔提)比丘是。

(16)(羅婆那拔提比丘)緣彼恨言「嫌其塔大」，(所以有)五百世中，(身)常極瘊🈲陋(身患癩🈲 瘡瘂🈲 疽🈲 醜陋)；由後(又)歡喜施(金)「鈴」(於)塔頭，(並)求索「好聲」，及願見(釋迦)我，(所以這羅婆那拔提比丘將有)五百世中，(都獲)極好「音聲」，今(世)復(重)見(於)我，(將)致得「解脫」。

《十誦律》卷37

有比丘名跋提(即指羅婆那拔提 lavaṇa-bhadrika)，於(梵)唄🈲中「第一」，是比丘「聲好」(歌唱聲音極好)，白佛言：世尊！願聽我作「聲唄🈲」？

佛言：聽(許)汝(可)作「聲唄🈲」(佛在世尚無採用引磬木魚類的法器，應該是清唱方式)。

「唄🈲」有「五利益」：

❶(能令)身體不(易)疲(勞)。

❷(能令)**不忘所憶**(指能增強記憶)。

❸(能令)**心不**(易)**疲勞**。

❹(能令)**聲音不**(易損)**壞**(唄聲能讓自己的聲音、喉聲不易損壞。或解爲梵唄聲有「餘音繞梁、餘音裊裊」不易散壞的作用)。

❺(能令)**語言**(容)**易**(理)**解**(有助於理解佛經的「語言」)。

(唄聲)**復有「五利」：**

①(能令)**身不**(易)**疲極**。

②(能令)**不**(易)**忘**(其)**所**(記)**憶**(過的東西)。

③(能令)**心不**(易)**懈惓**(懈怠疲惓)。

④(能令)**聲音不**(易損)**壞**(唄聲能讓自己的聲音、喉聲不易損壞。或解爲梵唄聲有「餘音繞梁、餘音裊裊」不易散壞的作用)。

⑤**諸天**(神)**聞「唄ㄅㄞˋ 聲」，心則**(生)**歡喜。**

宋・道誠集《釋氏要覽》卷1

比丘跋提(即指羅婆那拔提比丘 lavaṇa-bhadrika)，於「唄ㄅㄞˋ 聲」中(爲)「第一」。

《佛說因緣僧護經》卷1

(1)僧護比丘從「仙人」借樹，寄止一宿，明當早去……僧護比丘即得一樹，於其樹下，敷「尼師檀」，加趺而坐。於初夜中，伏滅「五蓋」(①貪欲蓋②瞋恚蓋③睡蓋④掉悔蓋⑤疑蓋)；中夜眠息；後夜端坐，(僧護比丘即)「高聲」作「唄ㄅㄞˋ」。

(2)時諸仙人聞作(僧護比丘之)「唄ㄅㄞˋ 聲」，悟解「性空」，證(三果)「不還果」，見法歡喜，詣沙門所，頭面作禮，請祈沙門，受「三歸依」，於佛法中求欲「出家」。

(3)爾時，僧護比丘即度(化此)「仙人」，(令仙人)如法「出家」，教修禪法，不久得定，(仙人即)證(四果)「羅漢果」。

南宋・鄭樵撰《通志・卷三十六・七音略第一》(《欽定四庫全書》)

……立「韻」得經緯之全。釋氏以「參禪」為大悟，「通音」為小悟。

明・王鏊ˋ 撰《震澤長語・卷下》(《欽定四庫全書》)

(1)梵人(指印度人)別「音」(能分辨諸音)，在「音」不在「字」。華人別「字」，在「字」不在「音」。故梵有無窮之「音」，華有無窮之「字」。

(2)梵則「音」有妙義，而「字」無文采。
華則「字」有變通，而「音」無錙銖。

(3)梵人長於「音」，所得從「聞」入。

華人從「見」入，故以「識字」為賢知。

(4)釋氏以「參禪」為大悟，「通音」為小悟……

(5)讀梵音，論諷雖一音，而一音之中自有抑揚高下。「二合」者其音易，「三合、四合」者其音轉難。

(6)大氐華人不善「音」。今梵僧呪雨則雨應；呪龍則龍見，華僧雖學其「聲」而無驗者，實「音聲」之道有未至也。

小結：

佛陀不允許僧人以「俗人歌詠方式」去唱頌佛經

佛陀亦曾讚許僧人用「梵唄」聲去唱頌佛經

從「大小乘經律論典」來看佛陀對「唱頌佛經」的觀點─有「禁」亦有「不禁」

但「世俗歌詠」的「旋律」，與純佛法的「梵唄旋律」，如何去嚴格「界定」與「劃分」清楚？

故應以「起心動念」與「不擾道心」為準則！

相關演講介紹：

在「極樂世界」中皆以「微妙音」歌歎「佛德」。鼓此樂器，演說「苦空無我無常」之音
https://drive.google.com/file/d/17m9_i4NcovcaFc6eD0JHvYLFD9s8l30X/view?usp=share_link

五、佛陀是不允許僧人以「俗人歌詠方式」去唱頌佛經的

《根本説一切有部毗奈耶雜事・卷六》

(1)時尊者舍利子與二「婆羅門」子而為出家，一名<u>牛授</u>，二號<u>牛生</u>，二人悉教「讀誦經教」。

(2)後時此二人共游人間，至一聚落，多獲利養，便住此村。時彼二人（曾經早）先學（習過）「婆羅門」（之）歌咏（歌頌吟詠）聲法。由（於）「串習」（串穿之習慣）故，今時（雖已出家，但在）誦讀（佛經時），（仍）作本（國之）「音辭」。

(3)時彼（其中）一人遇病，忽然身死。其（另一）「現存者」，既溺（惑與）憂心，（怕對）經（典）多廢忘。即便還詣<u>室羅伐城</u>，入<u>逝多林</u>。

(4)既停息已，（此人即）便詣尊者<u>憍陳如</u>所。禮敬事畢，白言：（憍陳如）尊者！可共溫（習）經（典）？

(5)（憍陳如）答言：善哉！我為汝誦。

(6)（憍陳如）既誦少多，（此人即）報言：（憍陳如）尊者所「誦」（之）經典，文皆（有）謬誤，「聲韻」（拉的）不（夠）長，致有所闕（失）。

(7)（憍陳如）答言：子！我從「先來」（即便）如是習誦。

(8)（此人）即便辭禮……（舍利子對他）報言：汝愚癡人，自為謬誤（而不知），（竟然毀）謗（其）餘（的）「智者」（是）不善（於）「誦經」。彼諸大德（此指馬勝、跋陀羅、大名、婆澁波、名稱、晡律拏、牛主、毘摩羅、善臂、羅怙羅等諸大德誦經的聲調），咸非（有）謬誤。

(9)（此人）既被挫折，默爾無言。時諸「苾芻」以（此因）緣（而）白佛。佛作是念：苾芻誦經（時），（若刻意）長牽「音韻」，作「歌咏聲」（歌頌吟詠），（皆）有如是過（失）。

(10)由是「苾芻」，不應（以）「歌咏引聲」而（作）「誦經法」，若苾芻作「闡陀」（Chandas，梵文）聲（而）誦經典者，得「越法罪」。若（隨其）方國（之）言音，（必）須（要作）「引聲」（指長引聲韻的唱腔）者，作時（則）「無犯」！

《佛本行集經・卷五十》

(1)是時，眾中無有「法師」，諸比丘等，具以白佛。

(2)佛告諸比丘：若無「法師」，應請誦者，昇座誦之。

(3)是時眾中無「誦經」者，而諸比丘，具以白佛。

(4)佛告諸比丘：我今「聽許」，次第誦之，或從上座，次第差誦，或從下座，次第差誦，乃至讀誦「一、四」句偈。

(5)爾時，諸法師（在）讀誦經時，猶如（世）俗歌（曲）而説其法，是故為人（所）毀訾謗議論：（沙門僧人）如是（之）「説法」，（竟）似我「俗人歌詠」（而）無異。

剃頭沙門，豈如（世人之）「歌詠」而「説法」也？

(6)時，諸比丘聞是事已，具將白佛。

(7)佛告諸比丘：若有比丘，依世(俗)歌詠而「説法」者，而有五(過)失。何等為五？

一者：自(污)染(其)歌聲。

二者：他(人)聞(歌聲而)生(污)染，而不受(佛法)義(理)。

三者：以(歌)聲(之)出、沒，便失(經典)文句。

四者：俗人聞(歌聲)時，(將生)毀呰(與)譏論(譏嫌議論)。

五者：將來(之)「世人」(若)聞此事(指僧人以「俗人歌詠方式」去唱頌佛經)已，即依(此)「俗行」以為(是佛有允許的一種)「恒式」(恒常之式)。

(8)若有比丘，依附「俗歌」(世俗歌詠)而「説法」者，有此五(過)失。是故不得依(世)俗「歌詠」而「説法」也。

(9)汝諸比丘！其有未解(無法理解)如上法者，若所遊止，應先諮問「和上、阿闍梨」等。

《十誦律》卷37

佛語諸比丘：從今不應「歌」(聲)。

(若作)「歌」(聲)者，(犯)「突吉羅」(duṣkṛta 惡作、惡語等諸輕罪)。

「歌」(聲)有五過失：

❶自心(將生)貪著(其歌聲)。

❷令他(人亦生起)貪著(歌聲)。

❸(於一個人)「獨處」(靜修、禪修時)，(將)多(生)起(妄想類的)「覺觀」(新譯作「尋伺」。覺→尋求推度之意，即對事理之粗略思考。觀→即細心思惟諸法名義等之精神作用。此應指對音樂、歌聲會有很多的妄念。可參考下面《四分律‧卷三十五》的經文說明)。

❹常為「貪欲」(遮)覆(其)心。

❺諸居士聞作是言：諸沙門釋子亦(作)「歌」(聲)，(竟)如(俗人)我(同)等(而)無異。

(歌聲)復有「五過失」：

❶自心(將生)貪著(其歌聲)。

❷令他(人亦生起)貪著(歌聲)。

❸(於一個人)「獨處」(靜修、禪修時)，(將)多(生)起(妄想類的)「覺觀」(此指對音樂、歌聲會有很多的妄念。可參考下面《四分律‧卷三十五》的經文說明)。

❹常為「貪欲」(遮)覆(其)心。

❺諸「年少」(之)比丘聞(後)亦隨(著跟)學、隨學已，(則)常起「貪欲心」便(違)反戒(律)。

《毘尼母經》卷6

爾時會中復有一比丘，去佛不遠(而站)立，「高聲」作「歌音」(而)誦經。佛聞即制(止而)不

聽(許)用此「音」(去)「誦經」，有五事過(失)，如上文(之)説。

用「外道歌音」(的方式去)説法，復有五種過患：

一者：不名(為)「自持」(自我持誦佛經)。

二、不(能)稱(心於)聽眾(即佛門四眾聽到這種「外道歌音」時，不能稱乎其心意，亦無法了解佛法)。

三、諸天(神皆)「不悦」(這種外道的歌音)。

四、(歌聲之)語(為)「不正」(不純正)，(故法義亦)難解。

五、(歌聲之)語(為)「不巧」(不善巧)，故(法)義亦難解。

是名(用外道歌音方式説法，有)五種過患。

《四分律》卷 35

(1)時諸比丘二人，(以)「共同聲」(而)合「唄」，

佛言：不應爾！

(2)時諸比丘欲(作沒有「過失差錯」的)「歌詠聲」(的)説法(方式)。

佛言：聽(許)！

(3)時有一比丘，去世尊不遠，(用)極(非常)過差(過失差錯)「歌詠聲」説法。

佛聞已即告此比丘：汝莫(以)如是「説法」，汝當如「如來處」中(而)説法，勿與「凡世人」(而)同。(凡)欲説法者，當如舍利弗、目犍連(之)「平等」説法，勿與「凡世人」(相)同(的)説法。

(4)諸比丘！若(用)「過差」(過失差錯的)歌詠聲(的)説法，有五過失。何等五？

❶若比丘(用)「過差」(過失差錯的)歌詠聲説法：便(將)自(心)生「貪著」，愛樂(其所唱的)「音聲」，(此)是謂第一過失。

❷復次若比丘(用)「過差」(過失差錯的)歌詠聲説法：其有(人)聞者，(亦)生「貪著」，愛樂其聲，(此)是謂比丘第二過失。

❸復次若比丘(用)「過差」(過失差錯的)歌詠聲説法：其有(人)聞者，(即)令其(跟著)「習學」，(此)是謂比丘第三過失。

❹復次比丘過(用)「過差」(過失差錯的)詠聲説法：諸「長者」(居士)聞(後)，皆共(生)「譏嫌」(而)言：我等(居士)所習(之)「歌詠聲」，比丘(竟然)亦如是(歌詠聲而)説法！便(對比丘僧人)生「慢心」(而)不「恭敬」，是謂比丘第四過失。

❺復次若比丘過(用)「過差」(過失差錯的)詠聲説法：若在「寂靜」之處(觀照)思惟(修行之時)，(即容易)緣憶(剛剛所唱的歌)「音聲」，(如此將)以(擾)亂(修行上的)「禪定」，是謂比丘第五過失。

《彌沙塞部和醯五分律》卷 18：

諸比丘(若)作「歌詠聲」(方式的)説法，以是白佛。

佛言：不應爾！

六、真修行人，心意不在「歌舞」、亦不聽「好音樂」的經論引證

《佛開解梵志阿颰經》卷1

佛言……欲「居家」修道者，名曰「清信士」，當持「五戒」：

一、不好殺「禽獸、蠕動」之類，無所尅傷，以「己」況「彼」，不加「刀杖」，心念為「仁」，口不及「殺」。

二、不偷盜，貪殆「人財」(他人之財)，欺(詐以)「斗」(而)秤「尺」，如圭、銖量(之)分，不得侵「人」，心存于「義」，口不教(他而)取。

三、不好欲「婬」，犯人婦女，不觀「華色」，不聽「好音樂」，心修「禮禁」，言不失「法」。

四、不妄語，譖入人「罪」；(依)時而後「言」，言必「誠信」；心不「漏慢」，口無「毀譽」。

五、不飲酒。(有關)縱情酗酬，心(皆)不好嗜，口無味嘗。酒有三十六失，勿以勸人。

(此)是名為我「清信士」之「戒」也。

《優陂夷墮舍迦經》卷1

(1)佛言：(於)「齋日」持意，當如「阿羅漢」(般)，阿羅漢「不飲酒」，不念「酒」、不思「酒」，用「酒」為惡。(於)「齋日」如是持(戒之)意，(應)如「阿羅漢」(般)，(此)是為(第)「五戒」。

(2)佛言：(於)「齋日」持意，當如「阿羅漢」(般)，「阿羅漢」意不在「歌舞」，「聞」亦不喜「音樂聲」，亦不在「香華氣」(中)。(於)「齋日」如是持(戒之)意，(應)如「阿羅漢」(般)，(此)是為(第)「六戒」。

天親菩薩造、鳩摩羅什譯《發菩提心經論》卷1〈檀波羅蜜品 4〉

所不應施(捨之物)，復有五事。

❶非理(所)求(得的)財，不以(布)施(於)人。(錢)物「不淨」故。

❷「酒」及「毒藥」，不以(布)施(於)人。(易)亂眾生故。

❸「罝羅、機網」，不以(布)施(於)人。(將)惱眾生故。

❹刀杖、弓箭，不以(布)施(於)人。(將)害眾生故。

❺「音樂、女色」，不以(布)施(於)人。(將)壞「淨心」故。

取要言之：「不如法」(之)物，惱亂眾生，不以施人。自餘一切能令眾生得「安樂」者，(方)名(為)「如法施」。

樂「施」之人，(將)復獲五種「名聞、善利」：

一者、常得親近一切「賢聖」。

二者、(為)一切眾生之所樂見。

三者、(若)入大眾時，(將為)人(之)所宗敬。

四者、(具)好名、善譽，(可)流聞(於)十方。

五者、能為「菩提」作「上妙因」。

(如此的)菩薩之人，(方)名(為)「一切施」。

唐・湛然述《法華五百問論》卷1

問：(所謂以)「音樂」(作為)供養，其事如何？

答曰：(有關)「音樂、女色」，(皆)不以(布)施(於)人，(易擾)亂眾生故，(此)出(自)《發菩提心經》(的內容)。

今謂「施者」，必其(為清淨的)「心志」，豈可斷彼「善根」？音(樂)等事，(皆)通「女、男」，仍須問「彼施者」(之意)，但恐(令)「觀者」(其)心(生)亂，(所以)不應斷他(人)「善心」具。

如《阿含》(經)，有「伎人」問佛：(若)常作「音樂」，(能)得生「天」不？

佛(以)種種(言語)呵(此事)，竟云(常作音樂者)必墮「惡道」。今時(假)託(要供養)佛，(然後)自(放)縱(於)「無明」，(再偽)稱為(是一種)「供養」，應「未可」也。「如來」(乃)不(再)見(有)「女男之相」(之大聖者)，約誰(而)辨失(辨別其失德敗壞之事)？

《別譯雜阿含經》卷7

(1)爾時，世尊在王舍城 迦蘭陀竹林。時，彼城中有伎人主，號曰動髮，往詣佛所。到佛所已，頭面禮足，却坐一面，而作是言：瞿曇！我於昔者，曾從「宿舊極老」(的)伎人邊聞：(若)於「伎場」上，施設「戲具」，(若有)百千萬人皆來觀看，(吾人所作的)彈琴、作倡，鼓樂、絃歌，種種戲笑。

(以上)所作訖已，(若於)命終之後，(必)生「光照天」。

如是所說，為實？為虛？

(2)佛告之曰：止！止！汝今莫問是事！

時，彼(動髮)伎主第二、第三，亦如是問，佛悉「不答」。

(3)爾時，如來語(動髮)伎主言：我今問汝，隨汝意答。

若有伎人，於伎場上，施設「戲具」，彈琴、作倡、鼓樂絃歌，以是事故，(有)百千種人，皆悉「來集」。

如此諸人，本為「愛欲、瞋恚、愚癡」之所纏縛，復更造作(出諸多)「放逸」之事，豈不(更)增其「貪、恚、癡」耶？

譬如有人，(已)為「繩」所縛，(再)以「水」澆之，逾增其急。如是諸人，(早)先為「三毒」之所纏縛，復更於彼「伎場」之上(更)作倡、伎樂，唯當增(長)其「三毒」，熾盛(更)如是。

(4)(動髮)伎主！汝(若)為(彈琴作倡鼓樂絃歌)斯事，命終(會)得生「光照天」者，(此必)無有是處！

(5)若有人計於「伎場」上作眾「伎樂」，命終(會)生於「光照天」者，我說是人名為「邪見」。

「邪見」之果，(將)生於二處，若墮「地獄」，或墮「畜生」。

(6)佛説是已，時，彼_(動髮)伎主_(因此)悲泣_(而)墮淚。

　佛告_(動髮)伎主：以是因緣故，汝_(之)三請，我_(皆)不為汝_(詳細而)説……

(7)若有「伎人」作如是言：於「伎場」上，作倡、伎樂，命終_(必)生彼「光照天」者。如_(作)是之言，_(乃)名_(為)「大妄語」。若以此「業」，_(會得轉)生「光照天」，_(此乃)無有是處。

　世尊！我從今日更不造彼如是惡業。

(8)佛即告言：汝今真實，於未來世，必生「善處」。

　爾時，_(動髮)伎主及諸比丘聞佛所説，歡喜奉行。

七、在經論中完全沒有記載任何出家的僧人，「手執樂器演奏」歌唱供養佛陀的經論引證

《佛說須賴經》卷1

於是日行王女、(與)般若識乾執樂王子之「后」(非為出家僧人)，作五百樂，往詣如來已，皆稽首佛足，手執「樂器」，皆同一音，歎世尊「德」。

《佛說觀彌勒菩薩上生兜率天經》卷1

時諸閣間，有百千「天女」(非為出家僧人)，色妙無比，手執「樂器」，其樂音中，演說「苦、空、無常、無我、諸波羅蜜」。

《正法念處經》卷42〈觀天品 6〉

復有異天，共諸天女，行虛空者。復有「異天」(非為出家僧人)，手執「樂器」，口中詠歌，住在平地。或百或千，彼天之身，如是如是種種莊嚴，種種光明，青黃赤紫、雜色光明從身而出。

《入楞伽經》卷1〈請佛品 1〉

(1)爾時楞伽城主羅婆那夜叉王(非為出家僧人)，與諸眷屬，乘花宮殿，至如來所，與諸眷屬，從宮殿下，遶佛三匝，以種種「伎樂」樂於如來。

(2)(羅婆那夜叉王)所持「樂器」皆是「大青因陀羅寶」而用造作，「大毘琉璃瑪瑙」諸寶以為間錯，「無價色衣」以用纏裹，以「梵聲」等無量種音，「歌歎」如來一切「功德」。

《增壹阿含經》卷19〈四意斷品 26〉

諸「天」(皆非為出家僧人)在空中，作倡伎樂，彈琴、歌舞，用「供養」尊者目揵連上。

《大乘悲分陀利經》卷8〈菩薩集品 28〉

時彼帝釋，往請「般遮飾乾闥婆」(pañcābhijñā)子(皆非為出家僧人)，時「般遮飾」(即「執琴」)而來，承佛威神，以柔軟音，五百偈讚，「彈琴」歌詠，「歎」於世尊。

《大智度論》卷10〈序品 1〉

如「屯崙摩甄陀羅王、捷闥婆王」(皆非為出家僧人)，至佛所，彈琴「讚佛」，三千世界皆為震動，乃至摩訶迦葉不安其坐。

《大智度論》卷11〈序品 1〉

又如「甄陀羅王」，與八萬四千「甄陀羅」（皆非爲出家僧人），來到佛所，彈琴「歌頌」，以「供養」佛。

《撰集百緣經》卷 2〈報應受供養品 2〉乾闥婆作樂讚佛緣

(1)佛在舍衛國祇樹給孤獨園，時彼城中有五百「乾闥婆」（Gandharva），（皆）善巧彈琴（非爲出家僧人），作樂歌舞，（乃爲）「供養」如來，畫夜不離（如來身旁），（此五百乾闥婆）名聞遠徹，達於四方……

(2)（釋迦）佛告諸比丘：欲知彼（往昔之）時梵摩王者，則我（釋迦）身是，彼時群臣者，今諸比丘是，皆由彼（梵摩王宿世）時供養（正覺）佛故，（故梵摩王於）無量世中，（皆）不墮地獄、畜生、餓鬼，天上人中，常受快樂，乃至今者，（昔日的梵摩王終於）自致成佛（號釋迦牟尼佛），（今日並）有（得）是（美妙）「音樂」而供養（釋迦）我，終不遠離。

《長阿含經・卷十》

(1)時，釋提桓因即告「執樂神」般遮翼（Pañcaśikha）曰：我今欲詣世尊所，汝可俱行，此「忉利」諸天，亦當與我，俱詣佛所。

(2)（執樂天神般遮翼）對曰：唯然！

(3)時，般遮翼（Pañcaśikha）持「琉璃琴」，於「帝釋」前「忉利天眾」中，「鼓琴」供養……

(4)（執樂天神般遮翼）對曰：唯然！即受教已，持「琉璃琴」，於先詣佛。去佛不遠，鼓「琉璃琴」，以偈歌曰……釋子專四禪，常樂於閑居；正意求甘露，我專念亦爾。能仁發道心，必欲成正覺……

(5)爾時，世尊從「三昧」起，告般遮翼（Pañcaśikha）言：善哉！善哉！般遮翼（Pañcaśikha）！汝（非爲出家僧人）能以「清淨音」，和「琉璃琴」，稱讚如來，琴聲、汝音，不長不短，悲和哀婉，感動人心。汝琴所奏，「眾義」備有，亦說「欲縛」，亦說「梵行」，亦說「沙門」，亦說「涅槃」。

《月燈三昧經・卷五》

(1)爾時，有「乾闥婆」子名曰般遮尸棄（Pañcaśikha），共餘「乾闥婆」（Gandharva）子五百同類俱（皆非爲出家僧人），持「音樂」種種「樂器」，隨從佛後，欲為「供養」佛……

(2)爾時，以「佛神力」故，令彼五百「音樂」，善稱和雅，發「無欲音」、發「順法音」、發「應法音」，所謂應「不思議佛法」。

《佛說給孤長者女得度因緣經・卷三》

(1)爾時，世尊知時已至，即入「三摩地」，普遍觀察，於是「三摩地」出已，舉身出現青黃、赤白種種妙色，清淨光明……

(2)復有善愛音等「五百乾闥婆王」(Gandharva。皆非為出家僧人)，奏百千種微妙「音樂」引導佛前……又有無數天女在虛空中，各持優鉢羅華、鉢訥摩華……摩訶曼陀羅華等，及雨栴檀香、末香……多摩羅香等種種妙香供養於佛，又復「奏」彼天妙「音樂」，有如是等天人大眾圍繞而行。

《大方便佛報恩經》卷 3〈論議品 5〉

(1)爾時復有一「乾闥婆」子，名曰闥婆摩羅(非為出家僧人)，彈「七寶琴」，往詣如來所，頭面禮足，却住一面，鼓樂絃歌，出微妙音，其音和雅，悅可眾心。(所有)「聲聞、辟支佛」等，不覺「動身」起舞，(所有)須彌山王，(皆因此)湧沒、低昂。

(2)爾時如來即入「有相三昧」，以「三昧力」，令其「琴聲」(能)遠聞(飄至)三千大千世界，其音具足演說「苦、空、無常、不淨、無我」。

《佛說長者法志妻經》卷 1

佛時清旦，著衣持鉢，入城分衛，比丘、菩薩，皆悉侍從。(有)諸天龍、神，及「香音神、無善之神、鳳凰神、山神、執樂神王」(以上皆非為出家僧人)，皆散華、燒香，(並)鼓諸「音樂」，歌歎佛德。

《文殊師利佛土嚴淨經》卷 1

(1)又，舍利弗！若有菩薩，慕求「經道」，如渴(而)欲飲，志存「正真」，不好「異法」；願成佛時，生我國者，皆樂「經道」，慕求「正法」。

(2)又，舍利弗！若有菩薩，常作「音樂」(經文沒有說出家僧人應該手持樂器而作音樂，只出現「常作音樂」四個字)，「歌頌」佛德，「供養」如來，若「塔」形像。以是德本，勸助學者；願成佛時，(將有)百千「伎樂」不鼓(而)自鳴，(能)演「八法音」，聞皆(生)欣悅，開發道心，悉獲「正真」。

《分別善惡報應經》卷 2

若復有人，(能)以妙「音樂」(而去)「供養」佛塔(經文沒有說出家僧人應該手持樂器而作音樂，只出現「妙音樂」三個字)，(將)獲於十種勝妙功德。何等為十？

一、身相(獲)「端嚴」。

二、見者(皆生)歡喜。

三、「音聲」(具)微妙。

四、「言辭」(獲)和順。

五、「肢體」(能得)適悅。

六、(遠)離「瞋恚」。

七、慶喜（而具）多聞。

八、崇貴（而得）自在。

九、命終（能）生天。

十、（亦能）速證「圓寂」。

如是功德，以妙「音樂」（而去）供養「佛塔」，（將）獲如斯報。

西晉・竺法護譯《度世品經》	東晉・佛馱跋陀羅譯六十《華嚴經・離世間品》	唐・實叉難陀譯八十《華嚴經・離世間品》
壹菩薩有十事（應修），為善「清淨」（之語業行）。	壹佛子！菩薩摩訶薩有十種「清淨業」（能）莊嚴菩薩（之清淨）「口業」。	壹佛子！菩薩摩訶薩有十種（應清）淨修（行的）語業。
貳何謂為十？ ❶好憙欲聞「如來」（之）「音聲」，是則為（清）淨（之語業行）。 ❷思省「菩薩」，曾所聽（過之法）音。	貳何等為十？所謂： ❶樂聞「如來」清淨（之）「音聲」，（能清）淨菩薩（之）「口業」。 ❷樂聞「菩薩」清淨（之）「音聲」，（能清）淨菩薩（之）「口業」。	貳何等為十？所謂： ❶樂聽聞「如來」（之）音聲，（能清）淨（菩薩所）修（的）「語業」。 ❷樂聞說「菩薩」（之）功德，（能清）淨（菩薩所）修（的）「語業」。
❸（除）去於眾生所「不憙」聽（聞之語），（要）棄捐「惡語」，不（以惡語）施於（他）人。	❸不說一切眾生（所）不樂聞（之）語，（能清）淨菩薩（之）「口業」。	❸不說一切眾生不樂聞（之）語，（能清）淨（菩薩所）修（的）「語業」。
❹（於）本昔所說（的）「四事口過」（妄語、綺語、兩舌、惡口），（應）常遠離之。	❹於過去世（所造的口業），（應遠）離「口四過」（妄語、綺語、兩舌、惡口），（能清）淨菩薩（之）「口業」。	❹（應）真實遠離「語四過失」（而得清）淨，（能清）淨（菩薩所）修（的）「語業」。
❺（應以）本「歡悅心」（去）諮嗟（諮歎嗟美）如來，（尤如）磬（鐘般的）揚大（法）音。	❺（應）歡喜（的）「讚歎」如來，（能清）淨菩薩（之）「口業」。	❺（應）歡喜踊躍（的）「讚歎」如來，（能清）淨（菩薩所）修（的）「語業」。
❻在佛（的）神（聖廟）寺，（應高聲）「歌歎」佛德。	❻於如來「塔廟」（前），（應）高聲「讚佛「如實」功德，（能清）淨菩薩（之）「口業」。	❻（於）如來塔所，（應）「高聲」讚佛「如實」功德，（能清）淨（菩薩所）修（的）「語業」。
❼（應）以「清和」（清淨和順之）性，為諸眾生宣傳「法	❼（應以）「一向」（一心專向的）普施（給）眾生「正法」（佛理），	❼以「深淨心」，施（予）眾生（正）法（佛理），（能清）淨（菩薩

「施」。	(能清)淨菩薩(之)「口業」。	所)修(的)「語業」。
❽在尊(的)神(聖廟)寺，(應)作諸「妓樂、琴、箏、吹笛」(而讚歎如來)，(以諸妙)樂(供養)佛(之)「塔廟」。	❽(應以)「音樂」(去)「歌頌、讚歎」如來(經文沒有說「出家僧人應該手持樂器」而作音樂，只出現「音樂、歌頌」四個字)，(能清)淨菩薩(之)「口業」。	❽(應以)「音樂」(去)「歌頌、讚歎」如來(經文沒有說「出家僧人應該手持樂器」而作音樂，只出現「音樂、歌頌」四個字)，(能清)淨(菩薩所)修(的)「語業」。
❾(能)親自面從「諸佛世尊」(而)「聽聞」經典。	❾於諸佛所，(應)不惜身命(而去)聽受「正法」，(能清)淨菩薩(之)「口業」。	❾於諸佛所，(為了)聽聞「正法」(而)不惜身命，(能清)淨(菩薩所)修(的)「語業」。
❿(若能隨)順(而)在(即獲如)天福(般)，(若能隨)從諸「菩薩」、(或)若因(從)「法師」(而)得聞「經典」(正法)，(應親)身(而)自「奉事」(供養)，(尤若將)心捨(至)天上(般的精勤奉事)。	❿(應)一向(一心專向)不捨「菩薩」(與諸)「法師」(而親自去)聽受「正法」，(並)奉給供養(於彼)，(能清)淨菩薩(之)「口業」。	❿(能)捨(己)身(去)「承事」一切「菩薩」及「諸法師」而(承)受「妙法」，(能清)淨(菩薩所)修(的)「語業」。
參是為十事，(為)菩薩(之)演教，為善(於口業之)清淨。	參佛子！(此)是為菩薩摩訶薩(所修的)十種「淨業」，(能清)淨菩薩(之)「口業」，(能)出生菩薩清淨(之)口業。	參是為十。

附錄：念珠掐珠篇

法無定法，珠無定珠。佛珠是可掛脖子的。水晶&菩提子&木槵子為最上等的佛珠

相關演講介紹：

裡面有「念珠掐珠」的手印教學

https://drive.google.com/drive/folders/1wjoWDW0WtPFgmgkLOo3sEInvSi-
RZB1W?usp=sharing

一、念珠的歷史來源介紹

(1)「念珠」指以「線」貫串一定「數目」之「珠粒」，然後用於記數「稱名、念佛、持咒、誦經」數量的一種隨身法具。

(2)「念珠」又稱為「數珠、珠數、誦珠、咒珠、佛珠、手串佛珠」。

(3)「念珠」的梵文原語有四種：

❶**pāsaka-mālā**，音譯為「鉢塞莫」，意譯為「數珠」。

❷**akṣa-mālā**，音譯為「阿叉摩羅」，「珠鬘」之義。

❸**japa**(持誦)**-mālā**(珠鬘)，「念誦鬘」之義。

❹**akṣa**(惡叉；縱貫珠；金剛子)**-sūtra**，意譯為「珠之貫線」。

(4)mālā或mālya都是指「珠鬘」的意思，古印度人一直有以「瓔珞、鬘條」纏身的一種風習，後來就遂演變成為類似「念珠」的一種使用。

(5)其實在古印度外道「毘溼奴」(Viṣṇu，此是是古印度教的三位主神之一，與梵天Brahmā、濕婆Śiva齊名)神的信仰，在很早就有帶持「念珠」之習慣，證據來自於印度西北地方所發掘出來的「龍王歸佛」雕像中，有一尊「頭上」懸著「念珠」之「婆羅門」雕像，此尊雕像被推定為「二世紀」左右之作品。從這裡可以推知「念珠」之使用應該是「流行」於古印度的「婆羅門」之間。

(6)據古印度《烏嚧陀囉佉叉占巴拉奧義書》(Rudrākṣa-jābālopaniṣad，此書據傳編於公元四世紀頃)中，書中就已記載「烏嚧陀囉佉叉」(Rudrākṣa金剛子)念珠的材料與其「功德」；

(7)另外在《惡剎摩利加奧義書》(Akṣamālīkopaniṣad)中，也有詳述念珠之「製法、功德、材料」，並以一一之珠配上「悉曇五十字門」及其「深祕」之義。

(8)所以中國佛教使用「念珠」之時代，推論應該在「婆羅門教」，就是公元「第二世紀」之後才開始的。

(9)中國佛教開始使用「念珠」來「稱名記數」的經典記載，是從「東晉」(公元317～420)時代所譯出的《佛說木槵子經》後才開始的，然後再盛行於「唐、宋」之際。

(10)在所有的「律部」經典中，都沒有發現與「念珠」相關的內容資料，而且「南傳」佛教所依的「律典」內容，也未曾流行過「念珠」一事。

(11)所以「念珠」在佛的時代、在《阿含經》的時代都沒有資料記載，這是千真萬確的。可知「念珠」的思想應該是從「東晉」(公元317～420)開始，然後由「唐、宋」所譯的經典，尤其是「密教經典」的記載，「念珠」就開始大量流行至今了。

二、佛珠是可以戴在「頭頂、頸子、手臂、其餘身上」四處地方的

唐・不空譯《金剛頂瑜伽念珠經》(於十萬廣頌中略出)

爾時，毘盧遮那世尊告金剛手言：善哉！善哉！(應)為諸修「真言行」(的)菩薩者……**說「念珠」功德**(的)**勝利**……**爾時金剛薩埵菩薩而說偈言：**

由「念珠」(可累)積功德……「念珠」分別有四種，「上品、最勝」及「中、下」。

壹(若念珠總數是)「一千八十」(1080 顆)，以為(最)**上**(之品)。

  (照這經文來看，可能我們也要認真來準備一條真實的 1080 顆佛珠來備用？)

  應該要用較小的佛珠來穿才行，例如：0.6cm[厘米]，即 6mm[毫米]

貳(若念珠總數是)「一百八珠」(108 顆)，(則)為「**最勝**」(之品)。

參(若念珠總數是)「五十四珠」(54 顆)，以為「**中**」(品)。

肆(若念珠總數是)「二十七珠」(27 顆)，(則)為「**下**」(品)類……

❶設(將念珠)安(於)「頂髻」(古人不方便剪髮，所以常將「頭頂髮絲」不斷往上盤成「髻」之狀，所以當然是可以掛上「念珠」的，類似現代女性將「頭頂髮絲」盤綁成「高聳辮子」狀)。

❷或(將念珠)挂(在)身(上。經文只有說「身上」，並沒有「指定」要在那處掛念珠的)。

❸或(將念珠)安(於脖子)「頸上」(這很明顯的是將佛珠掛在自己的脖子上了，當然也沒有限定是「出家、在家」，本來就是人人皆可掛在「脖子」上的)。

❹及安(於手)臂(之間，這應該是跟放「手錶」同一個地方了)。

(以上)所說(的)言論(皆能)成(就「真言咒語」的)「念誦」(方式)，以此「念誦」(方式能清)淨(身口意)三業。

①由安(置念珠在)「頂髻」(的話)，(則能清)淨「無間」(罪業的)。

②由(將念珠)帶(在脖子)「頸上」，(亦能清)淨(殺盜婬妄)「四重」(惡業的)。

③(若是)手持(著念珠)、④(或是將念珠戴在手)臂上，(亦能減)除「眾罪」(的)。

(以上四種掛佛珠的方式，皆)能令行人速(獲)「清淨」。

若(有)修「真言」(咒語)陀羅尼(者)，(亦應加修稱)念「諸如來、菩薩」(之)名(就是誦咒的人，亦應加念阿彌陀佛或藥師佛聖號，或觀音、地藏等菩薩的聖號)，當獲(更多)無量(殊)勝(的)「功德」，所求(的)勝願皆(能)成就。

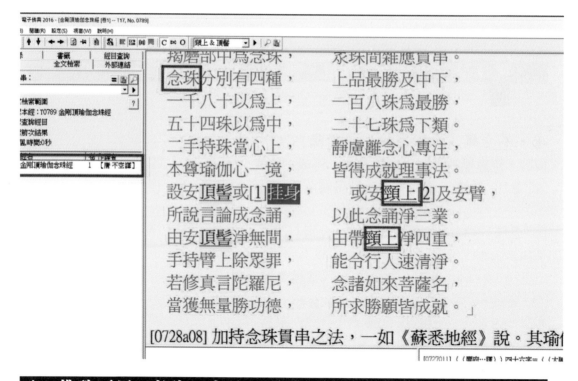

三、佛珠可用「真珠、水晶、瑪瑙、琥珀、蜜蠟」……等「不同的珠寶」共同串成

唐·般若譯《諸佛境界攝真實經》卷 3〈持念品 8〉

爾時金剛手菩薩摩訶薩，告大會眾言……復次(若真的要分別)「挍量」(不同佛珠其)所獲(的)功德。

❶若以「香木」等(材料所製的佛)珠(香木是指各種很香的木頭，例如沉木、檜木、檀木……等)，(能)得「一分」福。

❷若用「鍮ㄊ 石(tāmra，由銅鋅合金的一種黃銅)、銅(指天然的黃銅礦或自然銅)、鐵」(的材料所製的佛珠)，(能)得「二分」福。

❸若用「水精、真珠」(的材料所製的佛珠)，(能)得「一俱胝分」福。

❹若以「蓮子、金剛子」(的材料所製的佛)珠，(能)得「二俱胝分」福。

❺若用「間錯」種種「諸寶」(此指用了「不同珠寶」所串成的佛珠。例如在108顆中，間錯串有真珠、水晶、瑪瑙、琥珀、蜜蠟……七寶之類的材料)，及「菩提子」(材料所製的佛珠)，(更能)得無量無邊「不可說、不可說分」福。

(上述法義)即是過去「無量恒河沙諸佛」(之)所說，(可以)「一百八數」(108顆)為「念珠」(的總數)量。

北宋・天息災(？～1000)譯《大方廣菩薩藏文殊師利根本儀軌經・卷第十一・數珠儀則品第十二》

(1)爾時，世尊釋迦牟尼觀察諸(色界天中的)「淨光天」眾，告妙吉祥童子言：妙吉祥！汝今諦聽，(若欲)明(白)「真言行」修行(的)行人，為一切有情持誦「真言」，及諸「經法」平等(的)成就法，(以及)「數珠」(的)儀則(等)一切「真言」。汝當諦聽，深心諦受……若有行人，凡欲造作「數珠」(等)一切諸事，所求(皆應)清淨，至於(珠子的)「鑽、磨、貫穿」(等)種種(的)受持，凡所作事，皆悉(令)成就……

(2)「珠樹」(有)數種：
第一「金剛子」、
第二「印捺囉子」(indrākṣa 因陀羅子)、
第三「菩提子」、
第四「(木)槵子」。

(3)(以上四種之外)及「別樹」等(有)「子」具足者(也可以當念珠用)……然執取「珠子」，(應該給細心的)鑽持、磨瑩……復(可)令「童女」(和)合(珠)線，而(或採)用「五色絲」合色如「花鬘」，或「三合」(三條線和合)或「五合」(五條線和合)，隨珠(之)所受，當須(令玉子)緊(密的和)合。

(4)(一位)「智者」(所的)選(珠)「子」，切須「勻好」(均勻殊好)，(珠子)不得(有任何的)「朽損」及與「缺減」，(珠子)並須「圓滿」，仍(以精)「細」為(最)上(等)。

(5)彼「菩提子、金剛子、印捺羅子、(木)槵子」等(四種珠子)，及(或)用別(種的珠)「子」，一一(皆應)揀選「殊妙」上等(的珠子)……

(6)此外，或用「金銀、真珠、水精、硨磲、碼磱」，及以「珊瑚」種種諸寶(為佛珠)，或用最上(等的)「摩尼寶」等，必須「圓滿、肥潤」，勿令(有)缺減。

(7)凡貫穿(珠子)時，(應)攝心專注，不得散亂，「珠」成之後，所有求願，(便能)疾得「靈應」……「珠數」(是)不定(的)，亦有「三品」(之分)：
❶(最)上品(的佛珠應作)一百八(108顆)。

❷中品(的佛珠應作)「五十四」(54 顆)。

❸下品(的佛珠應作)「二十七」(27 顆)。

❹(或)別有「最上品」(的佛珠)，當用「一千八十」(1080 顆)為數(照這經文來看，可能我們也要認真來準備一條真實的 1080 顆佛珠來備用？)。

(8)復有用「金銀、銅鐵、鍮 石(tāmra，由銅鋅合金的一種黃銅)、鉛錫」等鑄(成的「佛珠」)，或(由)一種、二種、三種(的寶石所)鑄成，唯(必要)求(珠子要)「堅牢、圓滿」，勿令(有)「缺減」，仍須(具備)「光明、瑩淨」，如寶「瓔珞」(般的特色)。

四、由「木槵子」作的佛珠，能滅「三種煩惱障」

失譯人，今附<u>東晉</u>(317~420)錄《佛說木槵子經》

(1)一時<u>佛</u>遊<u>羅閱 祇耆闍崛</u>山中……(於)時(災)難(中有一)國王，名<u>波流離</u>……白佛言：世尊！我國(之地處於)邊(地)、小(處)，(在)「頻歲」(頻數年歲中常遭)寇賊……「疾病」流行，人民「困苦」，我恒不得「安臥」。

(2)如來(之)法藏，(甚)多(且)悉深廣；我(為國王但)有(眾多的)憂務(憂勤勞務)，不得(專心)修行。唯願世尊，特垂慈愍，賜我「要法」(簡要之法)！使我日夜「易得修行」，(於)未來世中(能)遠離「眾苦」。

(3)佛告(國)王言：若欲滅「煩惱障、報障」者(三障是指①煩惱障。②業障，即五無間業。③異熟障，又作報障、果報障，以煩惱障、業障為因，所招感的「三惡趣」等果報)，當貫(串)「木槵子」(又名「油珠子、無患子」，屬於「菩提子」的其中一種。生長在高山上的喬木，枝葉如椿樹。「果核」圓而堅定，大如彈丸，堅黑如漆珠，製成「念珠」耐用，多年不壞，捻撥時手感極好)一百八(108 顆)，以常自(持而)隨(身戴著)。

(4)若(於)行、若(於)坐、若(於)臥，恒當(專一)「至心」，無「分散」(分別散亂)意，(應專)稱「佛陀、達摩、僧伽」(之)名(即稱呼「南無佛、南無法、南無僧」)。

(5)(每稱一遍)乃(用手撥)過一(顆)「木槵子」，如是漸次(的手撥越)度「木槵子」，若十、若二十、若百、若千，乃至百千萬(遍)……

(6)若復能(誦)滿「一百萬遍」者，當得斷除「百八」結業(煩惱結業)，始名(能)背(離厭棄)「生死流」，(而)趣向「泥洹」(的解脫道)，(能)永斷「煩惱根」，獲(得)「無上果」。

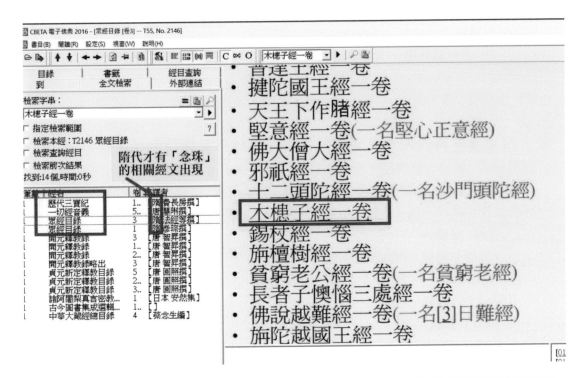

五、由「水晶」作的佛珠，通用修持一切「佛、菩薩、金剛、護法諸天」等所有的法門

唐・阿地瞿多譯《陀羅尼集經》卷1〈釋迦佛頂三昧陀羅尼品 1〉

(1)佛告諸比丘……善男子！作「數珠」者，(當)用「金、銀、赤銅、水精、瑠璃、沈水、檀香、青蓮子、瓔珞子」。

(2)佛告諸比丘：如上所説諸「數珠」中，(以)「水精」(為)第一。

唐・阿地瞿多譯《陀羅尼集經》卷2〈釋迦佛頂三昧陀羅尼品 1〉

(1)佛告觀世音菩薩言：若「四部眾」，欲生彼(西方極樂世界)國者，應當受持「阿彌陀佛印」并「陀羅尼」，及作「壇法」，供養禮拜，方得往生彼(阿彌陀)佛國土……(可)以「金」作「數珠」。若無(則)用「銀」。若無「銀」者，(則)用「赤銅」。(若)無「赤銅」者，(則)用「水精」。

(2)數(量最好應作)「一百八」枚(108顆)。(若)無者，(則用)「五十四」枚(54顆)。(若)更無者，(則用)「四十二」枚(42顆)。(若)更無者，(那就)「二十一」枚(21顆)。

(3)(於)如此等(不同材料的佛)珠，(於)掐之(時)、(於)誦呪時。以「珠」(即)為(代表是)「十波羅蜜多」。以「念佛、誦呪」(作)為(證)「阿耨多羅三藐三菩提」(的法門)。

(4)若(欲)作阿彌陀佛(之)供養時，應用上件(的材料諸)物等作「珠」，餘物不得。若(欲)作(其)

餘(材料的)雜物者，一切不得驗。

(5)(於)其中(的數珠)最好者，(應)以「水精」作「數珠」(而)誦呪者，眾罪皆(能)滅，如(水精)珠(之)映徹(映照而晶瑩透徹)，(套用於)「自身」(之理)亦然。

(6)此「水精珠」者，(亦)通用(修)一切「佛、菩薩、金剛、(護法諸)天」等法(門)。

唐・阿地瞿多譯《陀羅尼集經》卷2〈佛說作數珠法相品〉

(1)爾時佛告「苾芻、苾芻尼、優婆塞迦、優婆斯迦、諸善男子、善女人」等。當發心誦《阿彌陀經》、念阿彌陀佛，及誦持我「三昧陀羅尼」祕密法藏「神印」呪者。欲得成就往生彼(西方極樂世界)國……復能「苦行」，至心「受持」，日日「供養」，一心「專在」，莫緣「餘境」。

(2)若(欲)「誦經、念佛、持呪」(之)行者，一一(應)各須手執「數珠」……其相貌者，有其四種，何者為四，一者「金」。二者「銀」。三者「赤銅」。四者「水精」，其數皆(應作)滿「一百八」珠(108顆)……

(3)(於)其四種(數珠的材料)中，(以)「水精」(為最)第一，其「水精」者，(具有)光明無比、(潔)淨(而)無瑕穢，妙色(而)廣大，猶若得「佛菩提願」(之)故，(能)洞達彼(佛)國，一如(水晶之)珠相(般)，以是義故，稱(水精作的佛珠)之為「上」。

(4)(若能手)把其(水晶)珠(而)掐(之)，亦能除滅「念誦行者」(自己本身的)「四重、五逆」眾罪、(一切的)業障(與)所有(的)「報障」。一切(的)「惡業」(皆)不能(污)染著，(此即)為(水晶)珠(的)光明(是)不受(任何)「色相」(所污的)。

(4)若人(是)常(修)行「念佛」法(門)者，(則可)用「木槵子」以為「數珠」。

(5)若欲「誦呪」(的)受持人者，(則可)用前(面說的)「四色寶」(指「金、銀、赤銅、水精」這四種寶物)為「數珠」。

(6)若(欲)作「菩薩」呪(語的)法業者，(則可)用「菩提子」以為「數珠」，若無，(亦)可用「蓮華子」充(當)。

(7)若(欲)作「火頭金剛」(修行)業者，(應)用(顏色為)「肉色」(的佛)珠以為「數珠」。此等(所介紹的)「數珠」皆(是)合(於)「法相」(的)……

六、若欲作不同材料的「數珠」時，莫論「車佛珠」的工錢而「討價還價」，一切應以「最精最好」的佛珠為原則

唐・阿地瞿多譯《陀羅尼集經》卷2〈佛說作數珠法相品〉

(1)佛言：若(有)人欲作(不同材料)「法相」(的)數珠(者)，(應)先喚「珠匠」(會車佛珠的工匠)，莫論「價直」(指不要討價還價、殺價的)，務取「精好」(最精最好的)。

(2)其「寶物」(指「金、銀、赤銅、水精」這四種寶物)等，皆須未曾經(過其)餘(使)用(過)者，一一皆須

(以)**內外**(皆)「**明徹**」、**無有**(任何的)「**破缺**」，(具備)**圓淨、皎潔**。(佛珠的)**大小**(則)**任意**(沒有一定)……

(3)(等)**作是**「**相珠**」(法相之珠計有)**一百八顆**(108 顆)，**造成**「**珠**」**已**，**又**(應)**作一**「**金珠**」**以為**(108 顆佛珠的)「**母珠**」(專用)，**又**(可)**更別**(加)**作**「**十顆**」(極小的)「**銀珠**」，**以充**(當)**記**(數用的小珠)**子**，**此即名為**「**三寶**」**法相**，**悉充**「**圓備**」，**能令行者**(在手)**掐是**(佛)**珠時**，**常得**「**三寶**」**加被**(之)**護念**。

(4)(所)**言**「**三寶**」**者**，(即)**所謂**(的)「**佛寶、法寶、僧寶**」，**以此**「**證驗**」，**何**(憂)**慮不**(會往)**生**「**西方淨土**」(呢)？

(5)**作是**(佛)**珠**(成)**已**……(然後)**稱讚**「**三寶**」(的)**威神力故**，(修)**種種**(的)「**法事**」**皆**(會)**有効驗**，**然後**(執)**持**(此「數珠」而)**行**，**隨身**(與)**備用**，**一切**「**諸惡**」(將)**不相**「**染著**」，**一切**(的)「**鬼神**」(將)**共相**「**敬畏**」(於汝)，**是故**「**福力**」(能)**具足**，(能)**成辦**「**功德**」**滿願**。

(此)**是名**(為)「**數珠祕密功能**」。

共10顆

七、「水晶」佛珠，若掐一遍能得福「千億倍」。「菩提子」佛珠，或掐念、或只有手持，才誦數一遍，其福即大到無量不可算計。若欲發願往生「諸佛淨土」者，應當依法受持「菩提子」念珠

唐・義淨(635～713)譯《曼殊室利呪藏中校量數珠功德經》

(1)曼殊室利(文殊)菩薩摩訶薩言：若善男子、善女人，有能誦念諸「陀羅尼」及「佛名」者，為欲「自利」及「護他人」，速成「諸法」，而得(靈)驗者，其「數珠法」，應當如是「作意」(而)受持。然其「珠體」(念珠之體材有)種種(的)不同。

❶若以「鐵」為數珠者，誦掐一遍(能)得福「五倍」；

❷若用「赤銅」為數珠者，誦掐一遍(能)得福「十倍」；

❸若用「真珠、珊瑚」等寶為數珠者，誦掐一遍得福「百倍」；

❹若用「(木)槵子」為數珠者，誦掐一遍(能)得福「千倍」；

❺若用「蓮子」為數珠者，誦掐一遍(能)得福「萬倍」；

❻若用「因陀囉佉叉」(indrākṣa 因陀羅子)為數珠者，誦掐一遍(能)得福「百萬倍」；

❼若用「烏嚧陀囉佉叉」(rudrākṣa 金剛子)為數珠者，誦掐一遍(能)得福「百億倍」；

❽若用「水精」為數珠者，誦掐一遍(能)得福「千億倍」；

❾若用「菩提子」為數珠者(屬於「菩提子」種類的佛珠非常多，例如：金剛菩提子、星月菩提子、鳳眼菩提子、龍眼菩提子、麒麟眼菩提子、蓮花菩提子、滴血蓮花菩提子[鴻運蓮花；山鳳梨的種子]、蓮花座菩提子、天竺菩提子、千眼菩提子、白玉菩提子、天臺菩提子、蜜蠟果菩提子、血菩提子、金佛草菩提子、雪禪子菩提子、金線菩提子……等)，或時(一邊念佛或誦呪而)「掐念」，或但(只有)「手持」(著)；(只要能持著「菩提子佛珠」而)誦(佛號或呪)數(僅)「一遍」(而已)，其福(即能大到)無量不可算計、難可校量。

(2)若欲(發)願(往)生諸佛「淨土」者，應當依法，受持此(菩提子的念)「珠」。

(3)曼殊室利(文殊)菩薩言：(所謂)「菩提子」(念珠)者，若復有人，(只有)「手持」此「菩提珠」(而已)，(雖然此人)不能依法(的)念誦「佛名」及「陀羅尼」(呪語)，但(只要)能「手持」(此「菩提佛珠」)隨身(而行)，(此人於日常生活的)「行、住、坐、臥」(中)，(其)所出(的)「言說」，若善、(或)若惡，斯由此人以(手)持「菩提子」(佛珠加持神力之)故，(其)所(獲)得(的)功德，(即)如(同在)念「諸佛」(號)、(或)「誦呪」(者的功德而)無異，(能)獲福「無量」。

(4)其「數珠」者，(最好)要當須滿(至)「一百八」顆(108顆為主)。如其難得(108顆)，或(採)「五十四」(54顆)，或(用)「二十七」(27顆)，或但(只持)「十四」(顆的佛珠，也行的)，此乃「數珠功德」(之)差別。

八、密教經典對「招佛珠」的「指法」沒有統一，但以「大拇指」與「無名指」撥動方式為最通用、最殊勝的

唐・阿地瞿多(公元 652~654 年間人)譯《陀羅尼集經》是最早出現「掐數珠印」的經文資料，但此時只有「一種」而已，無論修什麼法，都謹有此一種。

唐・金剛智 (譯經年代是 720~741) 譯《藥師如來觀行儀軌法》也謹有一種。

稍後唐・善無畏(密宗開元三大士之開山祖師。公元 637~735。716 年近八十歲帶著大批梵文佛典到唐朝長安翻譯經典)譯《蘇悉地羯羅經》與《蘇悉地羯羅供養法》中就出現了「三種」的手勢。
一是：「佛部、寶部、羯磨部」這三部仍舊是採用「相同的一種手勢」。
二是：「蓮華部」採一種手勢。
三是：「金剛部」則另採一種手勢。

再後來的唐・般若(734~？)譯《諸佛境界攝真實經》與《守護國界主陀羅尼經》就變成了「佛部、寶部、羯磨部、蓮華部、金剛部」五部，都各自採用了「不同的掐珠手勢」了。

可見原本只有「一種」，後來因「不同的密典譯師、不同的密咒傳承」，逐漸演變成「五部」有「五種」不同的掐珠手勢了啊！

唐・阿地瞿多(Atikūṭa 意譯無極高。公元 652~654 年間人)譯《陀羅尼集經》卷 3
爾時世尊正在大會，說「般若」波羅蜜，及說是「真言」法，利益方便。能令一切「人、非人」等，聞此「陀羅尼」者，悉發「無上菩提之心」，「迴向」十方諸佛國土，當得「阿耨多羅三藐三菩提」，常生歡喜……
次作「掐(古同「掐」)珠印」(掐數珠印)。
❶(先)以左手(的)「大(拇)指」捻「無名指」(的指)甲上，貫珠孔中(此指當「大拇指」捻「無名指」時，會
　呈現一個「圓」狀的孔穴，然後佛珠當然是在「圓」內的，所以佛珠是被貫穿在這「圓」狀的孔穴中)。
❷次直舒「中指、小指」。
❸以「食指」掩(押於)「中指」(的)「上節」側(邊)上。
❹以右手(的)「大(拇)指」與「無名指」掐珠，(然後)誦明(咒真言)。
❺(右手的其)餘(手)指(皆)同「左手」(的手勢)。

若(能作)如是(上述的)「掐珠」(誦真言咒語方式)，(能)得十種「瑞相」者，即知有驗。何等為

十？

一者、(所修的本尊)像上(將)「放光」。

二者、風(雖)不吹，而道場中(的)「幡」(將)自然(發生)「動搖」。

三者、(天空的)雲不(遮)覆，而天(仍)有(發出)「雷聲」。

四者、道場中「燈焰」，(忽然)長(高)「三、四」尺。

五者、(於)香鑪中，人不燒香，而「香烟」(將)自(動而)出。

六者、(於)「空中」聞有種種「音樂」之聲。

七者、(能)感得「四方」(皆)「無事」(無災禍之事)，福壽(得以)延年，無諸「疾病」。(所有的)「師
　　　子、虎、狼、諸毒蟲」等，(皆)不能為害。

八者、於(色聲香味觸的)「五欲」(染)境(中)，心(得)無「染著」。

九者、「諸魔鬼神」(皆)不能嬈亂，(於)「自、他」之病，(若欲)療(之)，即(能)除愈。

十者、(能得)見(諸)「佛、菩薩、金剛、天(神)」等。

　　　若於夢中(得)見「佛菩薩」、

　　　或(夢)昇「高山」、

　　　或(夢)上「高樹」、

　　　(或夢)乘船(越)度(到彼)岸、

　　　或(夢)騎象馬、

　　　或(夢)見「師僧(人師之僧；眾僧之敬稱)、父母、善知識」等。

是時行者，及「施主」等，若(能)於「夢」中見是(諸善)相類，即知「罪滅」，皆是「好應靈瑞」之相，(感得護法)明王(之)翼衞(翼助護衛)。

是時「行者」(於)正作(修)法中，(將感)身毛皆竪(喻人之容顏或毛孔皮膚爲之竪起)，即知(已獲)得(靈)驗。

唐·阿地瞿多譯《陀羅尼集經》卷4

爾時<u>觀世音菩薩</u>摩訶薩……而白佛言：世尊！我今承佛神力，次第說「印、陀羅尼、壇」功能法式……

「掐^念 數珠印」第十一

❶(先)以左(手的)「大(拇)指頭」，捻「無名指頭」，作(一個)孔(穴之狀)，於其「孔」中，貫著「數珠」(此指「大拇指」捻「無名指」時，會呈現一個「圈」狀的「孔穴」，然後佛珠當然是在「圈」內的，所以佛珠是被貫穿在這「圈」狀的孔穴中)。

❷「中指」(作)直申(的狀態)。

❸以「頭指」(食指彎)屈(其)「中節」，(然後去)押(於)「中指」背(面的)「上節」。「小指」(仍作)直申(的狀態)。

❹右手以「大(拇)指」(與)「無名指」掐珠(而誦咒)。

❺(右手的其)餘(手)指(皆)同「左手」(更無別呪)。

此「(掐數珠)印」(乃)通用(於)一切諸呪，若以此「(掐數珠)印」，日日(而)誦呪，(再加上)念佛、懺悔(的修行法門)，(能)得「四禪定」，速成「阿耨多羅三藐三菩提」，隨願(能)成辦(一切諸事)。

食指
中指
無名指
小指
大拇指

唐・<u>善無畏</u>(密宗開元三大士之開山祖師。公元 637~735。716 年近八十歲帶著大批梵文佛典到唐朝<u>長安</u>翻譯經典)
譯《<u>蘇悉地羯羅</u>供養法》卷2

㊜次説(佛部的)「執持數珠手印」之相：

(注意：左手也做與右手完全相同的手勢)

❶(先)以右手(的)「大(拇)指」，捻「無名指」頭。

❷直舒「中指」。「小指」(若呈現一點)微屈(狀也是可以的)。

❸以「頭指」(食指去押)著(於)「中指」(的)「上節」(邊)側(此是通三部執數珠印)。

(以上是指用「大拇指」與「無名指」撥動佛珠的修行方式。這個方式在密教「五部」中的「三部」修法都適用的，三部是「佛部、寶部、羯磨部」)

㊉次説「蓮華部」(的)「執數珠印」相：

(注意：左手也做與右手完全相同的手勢)

❶(先)以右手(的)「大(拇)指」，捻其「中指頭」。

❷(其)餘「三指」(皆)直舒(即可)。

❸「左手」亦然(此是蓮花部執數珠印)。

(如果修持「蓮華部」咒法，要用「大拇指」與「中指」撥動佛珠的方式)

㊡次説「金剛部」(的)「執數珠印」相：

(注意：左手也做與右手完全相同的手勢)

❶(先)以右手「作拳」(指將「小指、無名指、中指」向手掌「內縮」如拳之狀)。

❷展直「大(拇)指」，(再)捻「頭指」(食指)。

❸左手亦然(此是金剛部執數珠印)。

(如果修持「金剛部」咒法，要用「大拇指」與「食指」撥動佛珠的方式。但要將「小指、無名指、中指」向手掌「內縮」如拳之狀)

唐・**不空**《攝無礙大悲心大陀羅尼經計一法中出無量義南方滿願補陀落
海會五部諸尊等弘誓力方位及威儀形色執持三摩耶幖幟曼荼羅儀軌》卷1

五部尊法

一：息災法（用「佛部」尊等。是故有五智佛）。

（例如「楞嚴咒、大白傘蓋咒、藥師咒、不動如來滅罪真言(東方阿閦佛滅罪神咒)、熾盛光大威德消災吉祥陀羅尼、光明真

言、一切佛心中心咒、滅一切惡趣王如來陀羅尼、一切如來心祕密全身舍利寶篋印陀羅尼、佛頂尊勝陀羅尼」等）

→如果修持「佛部、寶部、羯磨部」，都是用「大拇指」與「無名指」撥動佛珠的修行方式。這個方式在所有「掐珠手勢」

　中是最上品、最殊勝、最第一的。

二：增益法（用「寶部」尊。是故有「寶、光、幢、笑」，求福德者「寶」，求智慧者「光」，求官位者「幢」，
　　　　求敬愛者「笑」）。

（例如「一切如來稱讚雨寶陀羅尼、寶藏神大明咒(同藏密的財神咒)」等）．

→用「大拇指」與「無名指」撥動佛珠的修行方式。

三：降伏法（用「金剛部」尊等，是故有「五大忿怒尊」等）。

（例如「穢跡金剛咒、不動明王咒、時輪金剛咒、大黑天神咒、大威德金剛咒、普巴金剛咒」等）

→如果修持「金剛部」咒法，要用「大拇指」與「食指」撥動佛珠的方式，但要將「小指、無名指、中指」向手掌「內縮」

　如拳之狀。

四：愛敬法（用「蓮華部」尊，是故本尊觀世音等）。

（例如「大悲咒、千句大悲咒、觀音二十二手眼、六字大明咒、准提咒、大隨求咒、如意輪觀音咒」等）

→如果修持「蓮華部」咒法，要用「大拇指」與「中指」撥動佛珠的方式。

五：鉤召法（用「羯磨部」尊，是故有「鉤、索、鎖、鈴」等）。

（例如「超拔滅罪咒語、佛頂尊勝陀羅尼、佛頂放無垢光明入普門觀察一切如來心陀羅尼、無垢淨光大陀羅尼」等）

→用「大拇指」與「無名指」撥動佛珠的修行方式。

唐·<u>輸波伽羅</u>(善無畏)譯《蘇悉地羯羅經》卷 3

爾時<u>吉祥莊嚴一切持明應供養手執金剛大悲</u>菩薩，告彼金剛大精進忿怒軍荼利言……此《蘇悉地經》，若持餘「真言」法不成就者。能兼持此經本「真言」，當速成就。於「三部」中，此經為王，亦能成辦一切等事……

❶(先)以右手(的)「大(拇)指」，捻「無名指」頭。

❷直舒「中指」。「小指」(若呈現一點)微屈(狀也是可以的)。

❸以「頭指」(食指去)押(於)「中指」(的)「上節」側(邊)。

❹「左手」亦然。(左手也做與右手完全相同的手勢)

(以)「右手」(的「大拇指」與「無名指」撥動)捛「念珠」(的修行方式)，(此乃)通(用於)一切(修法之)用。

　(據唐·善無畏譯《蘇悉地羯羅供養法·卷二》中有說，在密教「五部」中的「三部」修法都適用的。三部是「佛部、寶部、羯磨部」)

若(是在修)「阿毘遮嚕迦」(abhicāruka調伏法、降伏法)。(則應改成)豎(立)其「(大)母指」(的方式來)捻(持)「數珠印」。

唐·<u>金剛智</u>(譯經年代是 720 到 741)譯《藥師如來觀行儀軌法》

「佛部淨珠」真言曰：

唵(一)過部羯弭惹曳(二句)悉睇悉馱刺梯(三句)莎(去二合)嚩訶(四句)

❶(先)以右手「大(拇)指」，捻「無名指」頭。

❷直舒「中指」。「小指」(若呈現一點)微屈(狀也是可以的)。

❸以「頭指」(食指去)押(於)「中指」(的)「上節」(邊)側。

❹左手亦然。(左手也做與右手完全相同的手勢)

復(再改)以「左手」執「金剛杵」，「右手」(仍)把「數珠」，口啟白云：

我今(某甲)頂戴恭敬一切「般若波羅蜜多」無邊「法藏」恆沙萬法，今後(於)十方一切諸佛，敬受此法。

說是語已，即舉兩手，頂戴恭敬，如是作法，名「頂戴恭敬受持之法」。

唐・般若(734~?)譯《諸佛境界攝真實經》卷3〈持念品 8〉

爾時金剛手菩薩摩訶薩，告大會眾言：瑜伽行者，欲得成就一切「如來三昧」，及「一切智智」，應當修習是「曼荼羅」成佛之法……

❶(若是屬於)「佛部」(所)持念(的佛號與咒語)：

以「右(大)拇指」(與)「頭指」(食指)，(二指一起撥動)執持念珠，餘指(則)普舒(適的申張即可，不可作成「拳印式」的往內縮)。

❷若「金剛部」持念(的佛號與咒語)：

以「右(大)拇指」(與)「中指」，(二指一起撥動執)持念珠。

(注意：在唐・善無畏譯《蘇悉地羯羅供養法》中則又另云：「金剛部」法是要用「大拇指」與「食指」撥動佛珠的方式)

❸若「寶部」持念(的佛號與咒語)：

以「右(大)拇指」(與)「無名指」，(二指一起撥動)執持念珠。

❹若「蓮花部」持念(的佛號與咒語)：

以「大拇指」(加)「無名指」(與)「小指」，(此指先將佛珠同時套在「無名指、小指」間，然後用「大拇指」撥動這條佛珠方式)執持念珠。

(注意：在唐・善無畏譯《蘇悉地羯羅供養法》中則又另云：「蓮花部」法是要用「大拇指」與「中指」撥動佛珠的方式)

❺若「迦嚕」(abhicāruka調伏、降伏)摩部(羯磨部)持念(的佛號與咒語)：

用上(述)四種(方式，隨意)執持皆得。

唐・般若(734~?)共牟尼室利譯《守護國界主陀羅尼經》卷9

佛告祕密主(此指祕密主金剛手菩薩)言……(應)量力(的)「記數」(所誦的咒語)，及時(的數量)「多少」(而)以為「常限」(恆常的限定)，要當(在一定的)「要期」(約定的日期)，(獲)得「勝境界」；若無「尅獲」(攻尅的獲果)，(便)不出(離此)道場，(以)如是(的)精勤，以求「悉地」。我今當說用(佛)「珠」(的)差別，而說偈言：

❶(修學)「佛部」(能)紹(繼)「佛種」，當用「菩提子」(為佛珠)；

❷(修學)「金剛部」中(的佛)「珠」，亦用「金剛子」(為念珠)；

❸(修學)「寶部」之中，(當)用「金」等寶為(念)珠；(若能以)「真珠」(作)為「念珠」，(則將獲)諸佛(之)所稱讚(前提是：應該是千真萬確之「真」珠，而不是「假品仿製」的珠子)；

❹(修學)「蓮華部」中，(則)用「蓮華子」為尊(貴)；

❺(修學)「羯摩部」中，(念)「珠」(可以)種種(不同的材料)「和合」(而)作。

(意思是只有修學「羯摩部」法門時，念珠是沒有「指定」的。所以連帶著修學「羯摩部」時的「念珠手勢」也沒有限定，就是「隨意」即可，可以用「食指、中指、無名指、小指」皆可的)

「五部」(的)掐珠法，(所有的修法都必)用「大拇指」(去掐珠，所以都是相)同(的)，

①「佛部」(是用)「頭指」承。

(此指「佛部」法是要用「大拇指」與「食指」撥動佛珠的方式。其餘的三指做適當的「申張」即可，不可作成「拳印式」的往內縮)

②「金剛部」(是用)「中指」。

(此指「金剛部」法是要用「大拇指」與「中指」撥動佛珠的方式。

注意：在唐・善無畏譯《蘇悉地羯羅供養法》中則又另云：「金剛部」法是要用「大拇指」與「食指」撥動佛珠的方式)

③「寶部」(是用)「無名指」。

(此指「寶部」法是要用「大拇指」與「無名指」撥動佛珠的方式)

④「蓮華部」(是)「合三」(和合三指來撥掐佛珠)。

(此指「蓮華部」法是先將佛珠套在「無名指、小指」間，然後用「大拇指」撥動這條佛珠。

請參閱般若譯《諸佛境界攝真實經・卷三・持念品》中所描敘的內容：以大拇指、無名指、小指，執持念珠。

注意：在唐・善無畏譯《蘇悉地羯羅供養法》中則又另云：「蓮花部」法是要用「大拇指」與「中指」撥動佛珠的方式)

⑤「羯摩」(是隨意用)「四指」(而接)承(佛珠)，皆用於「初節」。

(指隨意用「食指、中指、無名指、小指」去承接「佛珠」，沒有限定的意思。只有修學「羯摩部」法門時，念珠是沒有「指定」的，所以連帶著修學「羯摩部」時的「念珠手勢」也是沒有限定的，就是「隨意」即可，可以用「食指、中指、無名指、小指」皆可的。

請參閱般若譯《諸佛境界攝真實經・卷三・持念品》中所描敘的內容：用上四種，執持皆得。

「初節」指「指尖初節的部位」去承接佛珠的意思，然後用「大拇指」撥動這條佛珠)

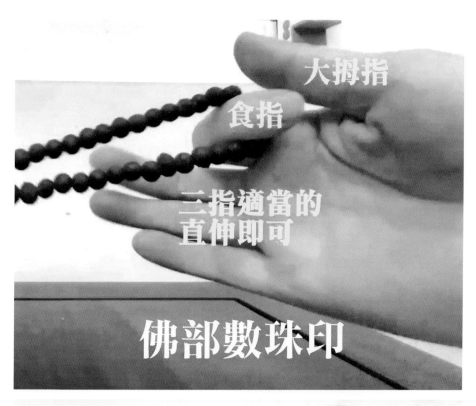

佛部數珠印

金剛部數珠印

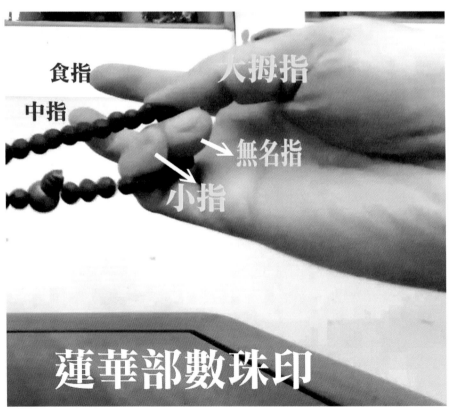

九、佛珠是可以用「沉水香油、檀香油」去塗抹保養的

唐‧輸波迦羅(善無畏)**譯《蘇悉地羯羅經》卷 1〈持戒品 7〉**

爾時吉祥莊嚴一切持明應供養手執金剛大悲菩薩，告彼金剛大精進忿怒軍荼利言……此《蘇悉地經》，若持餘「真言」法不成就者。能兼持此經本「真言」，當速成就。於「三部」中，此經為王，亦能成辦一切等事……

(1)(若於)作「諸事」時，常須(以)「右手」帶持「珠索」(佛珠)，(可加)以「香」塗之(現代方式是用「香油」去塗抹在佛珠上即可，或挖一點「凡士林」，再加 1～2 滴的沉香油，用手掐珠、盤珠即可)。(然後)誦「真言」之(達)一百遍，或一千(遍)……

(2)(若常)帶持此「珠索」(佛珠)者，(那麼)「毘那夜迦」(vināyaka 亦有分成二尊，一頻那，即豬頭使者。二夜迦，即象鼻使者。毘那夜迦或說即是大聖歡喜天)不能為障(礙)，身(能獲)得「清淨」，當速成就，

唐‧不空譯《七俱胝准提陀羅尼念誦儀軌》

取「菩提子」(的)念珠，具「一百八」(顆)，依法(而)貫穿(起來)，即(再)以「塗香」塗其「珠」上(現代方式是用「香油」去塗抹在佛珠上即可，或挖一點「凡士林」，再加 1～2 滴的沉香油，用手掐珠、盤珠即可)。(然後)以「二手掌」中，捧(起佛)珠(於)當心(胸之間)，(再)誦(加念珠)「真言」(共)七遍。

「加持念珠」真言曰：

唵‧ 吠嚧(引)遮那(引)麼羅‧娑嚩(二合)(引)賀‧
oṃ‧virocana-amala‧ svāhā
　　　光明遍照　清淨

唐‧不空譯《仁王護國般若波羅蜜多經陀羅尼念誦儀軌》

(手)持「數珠」，置於(手)掌中。合掌，當心，誦「真言」曰：

唵‧ 尾嚧者那(引)麼攞‧　娑嚩(二合引)訶
oṃ‧virocana-amala‧ svāhā
　　　光明遍照　清淨

(先)誦此(真言)三遍，(去)加持「數珠」，(然後再將佛珠放在頭)頂上戴已。然後當(著自己的)心(胸)，(以)「左手」承(持著佛)珠，(然後用)「右手」移(動佛)珠。念念相應，住(於)「佛母三昧」(中)。「觀心」(而)莫間斷，(然後)誦(你想修持的咒語功課)「一百八」，或「二十一遍」(經文原意是指誦「般若波羅蜜多」這個咒語，但若誦他咒，亦可舉一反三，是也)。

唐‧不空譯《阿閦如來念誦供養法》

次應「淨念珠」(真言)，二羽(二手)捧「珠鬘」(佛珠)，加(持咒語)三遍，(置於頭)頂(而)戴(之)。「淨珠鬘」真言曰：

唵・ 吠嚧者娜・ 麼攞・ 娑嚩(二合引)訶
oṃ・ virocana-amala・ svāhā
　　　光明遍照　　清淨(註：若作 mālā 意作花鬘；數珠)

次結持「念珠」，「二羽」(二手)半金剛，以此持「念珠」，真言誦「三遍」。

唐・金剛智譯《佛說七俱胝佛母准提大明陀羅尼經》
誦「淨數珠」妙言曰：

唵・ 微嚧遮那・阿麼羅・ 莎嚩(二合)訶・(誦三遍)
oṃ・ virocana-amala・ svāhā
　　　光明遍照　清淨

附註：金剛杵也可用「沉水香油、檀香油」去塗抹的

唐・輸波迦羅(善無畏)譯《蘇悉地羯羅經》卷 3〈奉請成就品 35〉
如「一股」杵(指「一股」造型的金剛杵)，以「紫檀香」(的油)，泥尒(塗抹)塗其「橛」(杵角)上。

唐・不空譯《聖迦柅忿怒金剛童子菩薩成就儀軌經》卷 2
取燒屍(的)「殘木」作「橛」，磨「紫檀」香(的油)，以塗(抹在了)「橛」(杵角)上。

十、原則上是不越過「母珠」，但若您是屬於「隨緣、精進無妄念」的誦持者，也不必太執著而生煩惱吧！

不可越過「母珠」的說法，在整部《大藏經》只有唐・不空(705～774)翻譯的《金剛頂瑜伽念珠經》才有這個「說法」，其餘人的說法，也都是「繼承」不空大師的說法而已，也就是沒有出現第二部的「純佛經典」有「不可越過母珠」之說了。

底下有五個「後人著作」都是承襲不空《金剛頂瑜伽念珠經》「不可越過母珠」的說法，例如：

(1)唐・一行(683～727)所撰的《藥師瑠璃光如來消災除難念誦儀軌》。後面有附註一段話云：

《藥師瑠璃光如來消災除難念誦儀軌》一部。一行阿闍梨撰。東大寺喬然弟子祚壹之所請也。而今所刻者。靈雲開山淨嚴和尚之校本。

(2)夏・智廣編集的《密呪圓因往生集》。

(3)清・弘贊會釋的《七俱胝佛母所說準提陀羅尼經會釋》。

(4)清・弘贊編的《沙門日用》。

(5)民國・金慧暢編的《安樂妙寶》。

唐・不空(705～774)譯《金剛頂瑜伽念珠經》(於十萬廣頌中略出)

時，金剛薩埵菩薩白佛言：唯然世尊！我今為說之。爾時，金剛薩埵菩薩而說偈言：

❶「珠」(代)表菩薩(修行所獲得)之「勝果」(殊勝圓滿果報)。

❷於(珠與珠的)中間(有一點的阻)絕，(此代表)為「斷漏」(斷煩惱漏的意思)。

❸(珠子與珠子中間有)「繩線」(為)貫串，(此)表(示)觀音(菩薩能將大家的「善業果報」牢牢的貫串黏住)。

❹「母珠」以表(示)無量壽(也就是「母珠」是代表已獲「無量壽佛、阿彌陀佛」的佛果了)。

慎莫驀 過(就是掐珠時，掐到「母珠」時應該不要越過，因為「母珠」是代表「佛果」了，那就不可以再跨越而過的)，(如果跨過「母珠」的話，那可能會獲得)越法罪。

(以上)皆(是)由(整條)「念珠」(所累)積(的)功德。

(「珠」表菩薩的殊勝修行的圓滿果位。

珠與珠的「間隙」就是「斷煩惱有漏」用的。

「繩線」就像是觀音菩薩，要把大家修行的「善業果報」牢牢的「貫串」黏住。

「母珠」則是我們最終會證入「阿彌陀佛」的佛果境界。

這就是整條「念珠」所帶來的、所感召出的「累積」功德)

唐・不空《金剛頂一字頂輪王瑜伽一切時處念誦成佛儀軌》

(1)由以此「密語」，加持「念珠」故……二手當(結於)心(胸之)前，各撮 聚(你的)「五指」，(然後)從「母初珠」(開始掐)起。

(2)(每)一誦(即)掐(珠)一遍(過)，與「密言」(而)齊平(的方式掐珠)，(但掐)至「母珠」(處時，應)却迴(轉)，不應(直接跨)越(過)「母珠」(的)，(若有)驀 過(母珠的話，那那可能會獲得)越法罪。

(3)(應定咒語數量為)萬(遍)、千(遍)、或「百八」(遍)，(以)「一數」(一個確定的數量)為「常定」，(然後)不應有「增、減」(當然一定不能有缺減的才對)。

(4)(等咒語持誦的)數限既「終畢」(時)，還(雙手)捧(持「佛珠」和)合「加持」，(再)放置(佛珠)於「淨處」，(理應)敬珠(尊敬佛珠)由如(尊敬)佛(陀般)，不應輕(易丟)棄(或任意)觸(碰而亂甩)。

(5)(如在)《瑜伽珠經》(《金剛頂瑜伽念珠經》)云：

❶「珠」(子代)表菩薩(所修的圓滿)「果」(位)。

❷中(間斷)絕為「斷漏」(斷無明煩惱漏)，

❸(以)「線」貫(珠)表觀音(菩薩)。

❹「母」(珠)為(阿)彌陀佛。

以是不應越(過「母珠」頭)，由(整條念)珠(所)積(的)功德，(能)速獲「成就」故。

小結

上面介紹了很多與「佛珠」相關的經典資料，相信大家對「念珠」已增加了很多「學問知識」了。

但也請不要過度「執著」佛珠的「材料」與掐珠的「方式」，因為真的是「法無定法、珠無定珠、掐無定掐」的，一切皆以您「方便、舒適」為主。

前面開場白時已說過了，中國佛教使用「念珠」之時代是從「東晉」(公元317～420)時代所譯出的《佛説木槵子經》後才開始的，在所有的「律部」經典與《阿含經》的時代都沒有資料記載，這也是千真萬確的。所以佛「住世」時，當然也不會有「念珠」這種事情存在的！

所以呢！如果您平時「不習慣」戴持任何的「佛珠」，或平時「誦經咒」只用現代科技產品的「電子計數器」也無所謂的，這完全不會有任何「功德」虧損的問題！

就像有很多「禪宗大德、南傳大師」，也很多人身上都不戴任何「佛珠」的啊！連「手錶」也都沒戴的啊！這應該是個人修持的「習慣」，也算是「本來無一物」吧！

果濱佛學專長

一、佛典生命科學。二、佛典臨終與中陰學。

三、梵咒修持學(含《蘇婆呼童子請問經》)。四、《楞伽經》學。

五、《維摩經》學。

六、般若學(《金剛經》+《大般若經》+《文殊師利所說般若波羅蜜經》)。

七、十方淨土學。八、佛典兩性哲學。九、佛典宇宙天文學。

十、中觀學(中論二十七品)。十一、唯識學(唯識三十頌+《成唯識論》)。

十二、《楞嚴經》學。十三、唯識腦科學。

十四、敦博本《六祖壇經》學。十五、佛典與科學。

十六、《法華經》學。十七、佛典人文思想。

十八、《華嚴經》科學。十九、唯識双密學(《解深密經+密嚴經》)。

二十、佛典數位教材電腦。二十一、中觀修持學(佛經的緣起論+《持世經》)。

二十二、《般舟三昧經》學。二十三、如來藏學(《如來藏經+勝鬘經》)。

二十四、《悲華經》學。二十五、佛典因果學。二十六、《往生論註》。

二十七、《無量壽經》學。二十八、《佛說觀無量壽佛經》。

二十九、《思益梵天所問經》學。三十、《涅槃經》學。

三十一、三部《華嚴經》。三十二、穢跡金剛法經論導讀。

果濱其餘著作一覽表

一、《大佛頂首楞嚴王神咒・分類整理》(國語)。**1994** 年 **10** 月 **15** 日編畢。**1996** 年 **8** 月印行。大乘精舍印經會發行。書籍編號 C-202。紙本結緣書，有 pdf 電子書。
字數：5243

二、《生死關初篇》。**1996** 年 **9** 月初版。1997 年 5 月再版。�саISBN：957-98702-5-X。大乘精舍印經會發行。紙本結緣書，有 pdf 電子書。書籍編號 C-207。與 C-095。
字數：28396

《生死關全集》。**1998** 年 **1** 月修訂版。和裕出版社發行。✠ISBN：957-8921-51-9。字數：110877

三、《雞蛋葷素說》(同《修行先從不吃蛋做起》一書)。**1998** 年 **4** 月初版，2001 年 3 月再版。大乘精舍印經會發行。紙本結緣書，有 pdf 電子書。✠ISBN：957-8389-12-4。字數：9892

四、《楞嚴經聖賢錄》(上下冊)[停售]。**2007** 年 8 月及 **2012** 年 8 月。萬卷樓圖書股份有限公司發行。✠ISBN：978-957-739-601-3(上冊)。✠ISBN：978-957-739-765-2(下冊)。

《楞嚴經聖賢錄(合訂版)》。**2013** 年 12 月初版。萬卷樓圖書股份有限公司發行。✠ISBN：978-957-739-825-3。字數：262685

五、《《楞嚴經》傳譯及其真偽辯證之研究》。**2009** 年 8 月。萬卷樓圖書股份有限公司發行。✠ISBN：978-957-739-659-4。字數：352094

六、《果濱學術論文集(一)》。**2010** 年 9 月。萬卷樓圖書股份有限公司發行。✠ISBN：978-957-739-688-4。字數：136280

七、《淨土聖賢錄・五編(合訂本)》。**2011** 年 7 月。萬卷樓圖書股份有限公司發行。✠ISBN：978-957-739-714-0。字數：187172

八、《穢跡金剛法全集(增訂本)》[停售]。**2012** 年 8 月。萬卷樓圖書股份有限公司發行。✠ISBN：978-986-478-853-8。字數：139706

《穢跡金剛法全集(全彩本)》。**2023** 年 6 月。萬卷樓圖書股份有限公司發行。
➔ISBN：978-957-739-766-9。字數：295504

九、《漢譯《法華經》三種譯本比對暨研究(全彩本)》。**2013** 年 9 月初版。萬卷樓圖書股份有限公司發行。✠ISBN：978-957-739-816-1。字數：525234

十、《漢傳佛典「中陰身」之研究》。**2014** 年 2 月初版。萬卷樓圖書股份有限公司發行。✠ISBN：978-957-739-851-2。字數：119078

十一、《《華嚴經》與哲學科學會通之研究》。**2014** 年 2 月初版。萬卷樓圖書股份有限公司發行。✠ISBN：978-957-739-852-9。字數：151878

十二、《《楞嚴經》大勢至菩薩「念佛圓通章」釋疑之研究》。**2014** 年 2 月初版。萬卷樓圖書股份有限公司發行。✠ISBN：978-957-739-857-4。字數：111287

十三、《唐密三大咒・梵語發音羅馬拼音課誦版》。**2015** 年 3 月。萬卷樓圖書股份有限公司發行。✠ISBN：978-957-739-925-0。〈260 x 135 mm〉規格[活頁裝] 字數：37423

十四、《袖珍型《房山石經》版梵音「楞嚴咒」暨《金剛經》課誦》。**2015** 年 4 月。萬卷樓圖書股份有限公司發行。✠ISBN：978-957-739-934-2。〈140 x 100 mm〉規

格[活頁裝] 字數：17039

十五、《袖珍型《房山石經》版梵音「千句大悲咒」暨「大隨求咒」課誦》。**2015** 年 4 月。萬卷樓圖書股份有限公司發行。ISBN：978-957-739-938-0。〈140 x 100 mm〉規格[活頁裝] 字數：11635

十六、《《楞嚴經》原文暨白話語譯之研究（全彩版）》[不分售]。**2016** 年 6 月。萬卷樓圖書股份有限公司發行。ISBN：978-986-478-008-2。字數：620681

十七、《《楞嚴經》圖表暨註解之研究（全彩版）》[不分售]。**2016** 年 6 月。萬卷樓圖書股份有限公司發行。ISBN：978-986-478-009-9。字數：412988

十八、《《楞嚴經》白話語譯詳解（無經文版）-附:從《楞嚴經》中探討世界相續的科學觀》。**2016** 年 6 月。萬卷樓圖書股份有限公司發行。ISBN：978-986-478-007-5。字數：445135

十九、《《楞嚴經》五十陰魔原文暨白話語譯之研究-附:《楞嚴經》想陰十魔之研究》。**2016** 年 6 月。萬卷樓圖書股份有限公司發行。ISBN：978-986-478-010-5。字數：183377

二十、《《持世經》二種譯本比對暨研究（全彩版）》。**2016** 年 6 月。萬卷樓圖書股份有限公司發行。ISBN：978-986-478-006-8。字數：127438

二十一、《袖珍型《佛說無常經》課誦本暨「臨終開示」（全彩版）》。**2017** 年 8 月。萬卷樓圖書股份有限公司發行。ISBN：978-986-478-111-9。〈140 x 100 mm〉規格[活頁裝] 字數：16645

二十二、《漢譯《維摩詰經》四種譯本比對暨研究（全彩版）》。**2018** 年 1 月。萬卷樓圖書股份有限公司發行。ISBN：978-986-478-129-4。字數：553027

二十三、《敦博本與宗寶本《六祖壇經》比對暨研究（全彩版）》。**2018** 年 1 月。萬卷樓圖書股份有限公司發行。ISBN：978-986-478-130-0。字數：366536

二十四、《果濱學術論文集（二）》。**2018** 年 1 月。萬卷樓圖書股份有限公司發行。ISBN：978-986-478-131-7。字數：121231

二十五、《從佛典中探討超薦亡靈與魂魄之研究》。**2018** 年 1 月。萬卷樓圖書股份有限公司發行。ISBN：978-986-478-132-4。字數：161623

二十六、《欽因老和上年譜略傳》。紙本結緣書，有 pdf 電子書。**2018** 年 3 月。新北樹林區福慧寺發行。字數：9604

二十七、《《悲華經》兩種譯本比對暨研究（全彩版）》。**2019** 年 9 月。萬卷樓圖書股份有限公司發行。ISBN：978-986-478-310-6。字數：475493

二十八、《《悲華經》釋迦佛五百大願解析（全彩版）》。**2019** 年 9 月。萬卷樓圖書股份有限公司發行。ISBN：978-986-478-311-3。字數：83434

二十九、《《往生論註》與佛經論典之研究（全彩版）》。**2019** 年 9 月。萬卷樓圖書股份有限公司發行。ISBN：978-986-478-313-7。字數：300034

三十、《思益梵天所問經》三種譯本比對暨研究（全彩版）》。**2020** 年 2 月。萬卷樓圖書股份有限公司發行。ISBN：978-986-478-344-1。字數：368097

三十一、《蘇婆呼童子請問經》三種譯本比對暨研究（全彩版）》。**2020** 年 8 月。萬卷樓圖書股份有限公司發行。ISBN：978-986-478-376-2。字數：224297

三十二、《悉曇梵字七十七字母釋義之研究（含華嚴四十二字母）全彩版》。**2023** 年 7 月。萬

卷樓圖書股份有限公司發行。✳ISBN：978-986-478-866-8。字數：234593

三十三、《毘首羯磨菩薩與雕刻佛像之研究(全彩版)》。2023 年 9 月。萬卷樓圖書股份有限公司發行。✳ISBN：978-986-478-879-8。字數：86466

✱三十三本書，總字數為 7152406，即 715 萬 2406 字

國家圖書館出版品預行編目(CIP)資料

毘首羯磨菩薩與雕刻佛像之研究(全彩版)/果濱編撰. -- 初版. -- 臺北市：萬卷樓圖
書股份有限公司, 2023.09
　面；　公分
全彩版

ISBN 978-986-478-879-8(精裝)

1.CST: 菩薩　2.CST: 佛像

229.2　　　　　　　　　　　　　　　　　　　　　　　112012318

ISBN　978-986-478-879-8

《毘首羯磨菩薩與雕刻佛像之研究》（全彩版）

2023 年 9 月初版　精裝（全彩版）　　　　　　　定 價：新台幣 560 元

編 著 者：果濱
發 行 人：林慶彰
出 版 者：萬卷樓圖書股份有限公司
編輯部地址：106 臺北市羅斯福路二段 41 號 9 樓之 4
電話：02-23216565
傳真：02-23218698
E-mail：service@wanjuan.com.tw
　　　　 booksnet@ms39.hinet.net
萬卷樓網路書店：http://www.wanjuan.com.tw
發行所地址：10643 臺北市羅斯福路二段 41 號 6 樓之 3
電話：02-23216565
傳真：02-23944113
劃撥帳號：15624015
微信 ID：ziyun87619　支付宝付款
款項匯款後，煩請跟服務專員連繫，確認出貨事宜
服務專員：白麗雯，電話：02-23216565 分機 610
承 印 廠 商 ：中茂分色製版印刷事業股份有限公司
◉版權所有　翻印必究◉
新聞局出版事業登記證局版臺業字第 5655 號
（如有缺頁、破損、倒裝，請寄回本公司更換，謝謝）